A FORÇA QUE VEM DA CRUZ

Editora Nova Fronteira S.A.
Rua Nova Jerusalém, 345 – Bonsucesso – 21042-235
Rio de Janeiro – RJ – Brasil
Tel.: (21) 3882-8200 – Fax: (21)3882-8212/8313
www.novafronteira.com.br
sac@novafronteira.com.br

CIP-BRASIL. CATALOGAÇÃO NA FONTE
SINDICATO NACIONAL DOS EDITORES DE LIVROS, RJ

C321f

Carvalho, Moacir Anastácio de, 1962
A força que vem da Cruz / Moacir Anastácio de Carvalho - 1 ed. - Rio de Janeiro: Petra, 2015.

ISBN 978.85.209.4086-0

1. Carvalho, Moacir Anastácio de, 1962 - 2. Padres de Igreja - Biografia. I. Título

CDD: 232.91
CDU: 232.931

A FORÇA QUE VEM DA CRUZ

PADRE MOACIR
ANASTÁCIO DE CARVALHO

petra

Em honra de meus pais, que me
ensinaram as primeiras orações:
Anastácio José de Carvalho e
Sebastiana de Sousa Carvalho.

[SUMÁRIO]

[*Deus ao encontro de um homem*]

PADRE GIOVANI CARLOS CALDAS BARROCA

Depois, subiu ao monte e chamou os que ele quis. E foram a ele.

Marcus 3,13

Este é o único critério que o Senhor utiliza para chamar "os que ele quis". Antes de ser a história de um homem que encontrou a Deus, este livro é a história de um Deus que vai ao encontro de um homem e, neste caso em especial, o padre Moacir. À primeira vista, nos parece apenas a biografia do Padre Moacir, mas com um olhar mais atento e profundo, perceberemos que é a história do Senhor que permanece conosco. Neste testemunho, padre Moacir nos remete ao início da fé, encontro e experiência com Deus. Testemunhando o que Deus fez em sua vida, ele nos mostra que a Fé antes de ser Conhecimento é encontro, relacionamento pessoal, experiência com Jesus vivo. Lendo estas empolgantes páginas surgem em nosso coração duas importantes verdades: Deus está no meio de nós, atuando, amando e salvando seu povo; é possível, bem como necessário, o encontro pessoal com esse Deus, que é amor, para sermos testemunhas diárias, amando nas pequenas ocasiões e derramando amor para o próximo que tem sede de Deus, sede do verdadeiro amor. Nossa gratidão ao padre Moacir, que teve a coragem de gritar dos telhados: "Jesus está vivo!"

Padre Giovani Carlos Caldas Barroca

[*A mensagem do Filho da Dor*]

ROBERVAL MARQUES DO AMARAL

Eu te bendigo, Pai, Senhor do céu e da terra, porque escondeste estas coisas aos sábios e entendidos e as revelaste aos pequenos.

Mateus 11,25b

Eis aqui outro mistério: eu, o último dos últimos, dos milhares de amigos e admiradores do padre Moacir, fui convidado por ele para escrever estas palavras. Para tanto, li com atenção e zelo todo o livro.

Enquanto eu o lia e chorava, em muitas ocasiões fui lendo, no passado de outros santos e santas, a história se repetindo e a palavra de Deus se encarnando e se cumprindo: "Pois todos os que quiserem viver piedosamente em Jesus Cristo terão de sofrer a perseguição". (2Timóteo 3,12).

Lembro-me também da Santa das Santas, Nossa Senhora, que também, diante do mistério de Deus, "[...] guardava todas estas coisas no seu coração" (Lucas 2,19b). Padre Moacir, mariano por vocação, soube corresponder ao chamado de Deus, colocando-se como servo de todos os sábios que questionavam sua vontade de tornar-se padre, esperando contra toda a desesperança, para que ninguém se glorie de nada, como está escrito, "quem se gloria, glorie-se no Senhor" (1Coríntios 1,31).

São João Maria Vianney, o Santo Cura d'Ars, também passou por inúmeras humilhações por não ser uma pessoa culta. Sem dúvida alguma seria escolhido como discípulo de Jesus, mas rejeitado pelos sumos sacerdotes da época de Cristo, que diziam: "Há, acaso, alguém dentre as autoridades ou fariseus que acreditou nele? Este povoléu que não conhece a lei é amaldiçoado [...]", (João 7,48-49). A palavra de uma autoridade tem um poder muito grande para edificar ou arrasar as pessoas. "Nenhuma palavra má sai da vossa boca, mas só a que for útil para a edificação, sempre que for possível, e benfazeja aos que a ouvem" (Efésios 4,29).

Moacir, que na linguagem indígena significa Filho da Dor, passou pela prova de fogo, pela qual todos nós devemos passar. Que seu exemplo de humildade, obediência e retidão de intenções nos torne melhores.

Roberval Marques do Amaral

[*Primeiras palavras*]

PADRE MOACIR ANASTÁCIO DE CARVALHO

Tu és meu filho e eu hoje te escolhi! Estarei contigo até o fim.

Não entendemos a escolha de Deus pelos fracos. Não compreendemos por que O Senhor prefere os pequeninos aos grandes, nem por que os grandes santos de Deus foram todos muito simples e pequenos. Não podemos compreender por que Ele escolheu uma jovem virgem de 16 anos, nascida em uma cidadezinha da Galileia chamada Nazaré, para ser a mãe de Seu filho, o Rei do Universo. Também não entendemos a escolha de Davi, que era o último dos filhos. Ele era simplesmente alguém que Deus escolheu.

Ainda hoje, não compreendemos por que Deus continua escolhendo os fracos, os pobres e os ignorantes para dar prosseguimento à Sua obra e ao Seu Reino. Não entendemos por que razão esse Deus tão grande se fez tão pequeno por nós. Ele se humilhou, andou, viveu e comeu no meio de nós. Esteve entre nós, amou-nos e ensinou-nos o caminho da vida eterna. Por nós foi martirizado, pregado em uma cruz, insultado, humilhado, torturado, espancado, teve a barba arrancada, foi escarrado e ferido. Como poderíamos entender esse Deus que fez o céu e a terra, todas as coisas visíveis e invisíveis, que está no meio de nós? E ainda nos diz: "estarei convosco todos os dias, até o fim." (Mateus 28,20)

É difícil compreender que esse Deus tão imenso torna-se pão e mata nossa fome; torna-se sangue e nos dá de beber. Saciamos nossa sede em seu sangue e nossa fome em seu corpo. Por que esse Deus infinito e misericordioso escolhe aqueles que nada têm para oferecer, nada Lhe podem dar? Trata-se de criaturas pecadoras, filhos que, muitas vezes, com o coração duro como pedra, rebelam-se diante de um Deus tão magnífico, um Pai que nos diz: "Tu és meu filho e eu hoje te gerei" (Salmos 2,7). Exatamente assim, sem meias-palavras, sem mais nem menos, somos gerados e escolhidos por Deus, por sermos amados e compreendidos por Ele, por sermos tão fracos e pecadores. Por sermos filhas e filhos mesquinhos diante de Seu grande poder é que nos tornamos assim: servos e servas de Deus.

Estamos diante de um grande mistério. Por que Deus continua escolhendo pessoas que não têm muitos atributos para isso nem têm tantos motivos para dizer "estou com Deus"? Por que Ele nos escolhe? Por que continua nos escolhendo? Só poderia ser para confundir os grandes líderes. Ou seja, dos pequeninos Ele tira um testemunho para dar aos grandes!

[CAPÍTULO 1]

ENCONTRO COM DEUS

A primeira vez que me encontrei com Deus foi no meio do lixo. Talvez não tivesse nem cinco anos. Era apenas uma criança da roça, que nada conhecia da vida. Uma criança com essa idade geralmente não sabe muitas coisas, principalmente morando num lugar esquecido pelo mundo. Eu não conhecia e não entendia coisa alguma, mas lembro que, naquele dia, eu brincava e talvez até vivesse no meio do lixo. Foi quando meus olhos de criança brilharam diante de algumas folhas de papel jogadas ali. Uma delas chamou minha atenção. Havia ali um desenho: eram três homens crucificados.

Era apenas um desenho, mas algo forte me dizia que Aquele que estava no meio daqueles homens era O Filho de Deus Vivo. Meus olhos se fixaram exatamente no homem que estava no meio. Era um desenho com algumas palavras escritas, talvez para ensinar sobre a Sagrada Escritura, mas eu não as conhecia nem as compreendia. As letras eram estranhas para mim. Mesmo assim, meu coração vibrou com as figuras. Compreendi que aquela figura era do Filho amado de Deus. Ele era Deus, mas Sua imagem era tão sofrida, tão massacrada! Ele ali, pregado naquela cruz, encheu meu coração de emoção.

Fiquei um longo tempo ali, com aquele papel na mão, olhando para o coração que estava pregado na cruz. Observando aquela figura, ouvi uma voz dentro de mim que dizia: "Este é o Filho de Deus, o Filho de Deus Vivo, que deu a vida por mim e por todos os homens de todas as épocas e de todos os lugares." Naquele momento, com apenas cinco anos, eu tive um contato forte com Deus, um encontro que mudou definitivamente minha vida.

Ninguém havia me falado de Deus! Se alguém o tivesse feito, talvez eu me teria lembrado. Não me recordava de ter ouvido alguém falar de Deus, nem do homem pregado na cruz. Só sei que Aquele homem da figura penetrou fundo em meu coração puro de criança. Minha mente inocente foi preenchida pela presença d'Aquele homem crucificado. Aquela figura, pregada na cruz, mexeu com minha alma e minha mente. Naquele dia, no meio do lixo, eu me senti muito amado por Aquele homem. Eu chorei, chorei muito; mas um choro diferente, inexplicável!

Ali, sozinho, eu me senti penetrado por Seu olhar. Seu sofrimento invadia minha alma. O chicote que O feriu profundamente, conforme eu via nas marcas em Seu corpo, também me cortavam naquele momento. Sua dor também era minha dor e Seu olhar se transformou no meu.

O FILHO DE DEUS VIVO

Naquele lixo não havia mais ninguém, somente o Crucificado naquele desenho perdido, e eu talvez jogado ali por algum passante. Sei que aquele papel veio ao meu encontro massacrando minha alma e enchendo meu coração de dor, mas também o preenchia com amor. Amor que eu comecei a sentir por Aquele homem, enquanto escutava aquela voz: "Ele é o Filho de Deus, que veio ao mundo para dar a vida, vida que somente Ele soube multiplicar." Meu coração ficou marcado com a imagem Dele, o homem das dores.

Naquele dia, aos cinco anos de idade, amei profundamente aquele desenho, aquela folha de papel suja jogada naquele monte de lixo e que agora, em minhas mãos, enchia-me de entusiasmo, de alegria e de amor. Foi um sentimento tão forte que, mesmo sendo criança, resolvi não contar a ninguém. Era meu, somente meu, aquele segredo. Era meu aquele encontro, era minha aquela folhinha, era meu aquele lixo. Era somente meu Aquele homem crucificado.

Mesmo depois de muitos anos, ainda lembro que chorei bastante. Chorei durante umas duas horas, escondido de meus pais e de meus irmãos. O tempo passava, mas eu não esquecia o homem, a cruz e o lixo. Fui crescendo em meio aos sofrimentos, às dores e às experiências da seca que, muitas vezes, chegaram forte ao Nordeste. Eu vi pássaros, gado, jumentos, todos os animais morrerem. Vi o mato e as flores secarem e a vida desaparecer lentamente. Aos oito anos, vi a primeira grande seca de minha vida.

Diante de todo esse sofrimento, eu me lembrava daquele papel com o desenho de um homem angustiado morrendo na cruz. Vi os animais que eu amava morrerem por falta de comida, por falta de água, por falta de tudo. Assim como Aquele homem morreu por nossas faltas, eu vi os bichos morrerem. Eu também vivia dentro da morte, crescia dentro dessa situação. Fui ficando jovem, passei pela adolescência e, mesmo nos momentos difíceis, a presença marcante d'Aquele homem me fazia vibrar. No meio de tudo isso, uma voz ainda me dizia: "Alguém morreu por ti. Alguém venceu por ti!"

Como fui crescendo longe da escola, longe da catequese e longe de Deus, não podia compreender muito bem o que estava acontecendo comigo. Em minha casa, somente minha mãe falava em Deus, mas o Deus do qual ela falava não poderia gostar de pessoas tão sofridas! Eu não compreendia muito bem a fé de minha mãe, mas ela sempre dizia que, mesmo no sofrimento, Deus nos sustentava. Era Ele quem realmente nos dava tudo de que precisávamos. Meu pai tinha o mesmo pensamento, mas não nos falava desse Deus, não nos ensinava, e assim fui crescendo sem conhecer como Deus realmente era.

Diante de toda a fome que passei na infância, lembro-me das palavras de meu pai: "Deus dá." É interessante, mas quando não tínhamos o que comer, meu pai dizia "Deus dá", e sempre aparecia comida de algum lugar ou alguma pessoa nos trazia o que comer. Naquele dia, nós tínhamos comida. Deus nos dava a cada dia carinho, graça, esperança, bondade, amor.

O ORATÓRIO DE MAMÃE

Certa noite, já muito tarde, eu não conseguia dormir. Já deveria estar com 12 anos e me lembro de que fiquei de joelhos diante das imagens que minha mãe tinha na parede de nossa casa. Eram várias imagens de santos e santas diante das quais eu me ajoelhei. Diante delas, de repente, senti uma grande alegria no coração, novamente ele vibrou. Senti algo tão forte, tão definitivo, que não pude descrever. Só sei que fiquei muito tempo de joelhos, sem compreender o que estava acontecendo. Por horas e horas continuei naquele lugar, na mesma posição.

Diante daquelas imagens, eu sentia muita alegria; era uma alegria extraordinária, uma presença e um calor maravilhosos que queimavam todo o corpo. Sentia que algo muito forte se apoderava de mim. Uma força imensa entrava em minha alma, em minha mente, em minhas células. Eu não queria mais me levantar daquele lugar. A noite foi avançando e não sei por quanto tempo fiquei diante daquelas imagens.

Quando amanheceu, eu queria contar aquela experiência para as pessoas, relatar o que acontecera e dizer a todos que era só ficar diante de uma imagem que também sentiriam o que eu senti. Percebi que as pessoas poderiam não compreender todo esse sentimento, por isso não contei a ninguém. Guardei comigo aquela noite maravilhosa que tocou profundamente minha alma e minha vida.

AS SÁBIAS PALAVRAS DE MEU PAI

Com o tempo, voltei à vida normal e fui me afastando daquela noite. Quatro anos depois, fui com meu pai à cidade de Canindé, no meu Ceará, onde há uma grande igreja dedicada a São Francisco de Assis, de quem meu pai muito falava. Ele contava as histórias que ouvira dos padres todos os anos em que ia a Canindé. De minha casa até lá era um longo caminho, aproximadamente duzentos quilômetros sem asfalto, mas meus pais iam sempre, com muita dificuldade, muitas vezes sem comida. Aconteciam muitos acidentes naquelas estradas de chão, morriam muitas pessoas. Mesmo assim, eles iam todos os anos para pagar promessas.

Minha família fazia muitas promessas. Deus vinha a nosso encontro por meio das promessas deles. Eles as pagavam porque conseguiam as graças e venciam sempre. Certo dia, fui até lá com meu pai. Não me lembro do ano, mas eu tinha — creio

— 14 anos. Quando cheguei à cidade de Canindé, vi que tudo era grande, mesmo a igreja era enorme! Era a primeira vez que eu ia a uma cidade grande. Hoje entendo que Canindé não é tão grande assim, mas para mim tudo era muito diferente, e era maravilhoso estar ali.

Milhares de pessoas chegavam a Canindé. Era festa de São Francisco de Assis, e tudo era grandioso para mim porque eu só conhecia a roça, de onde nunca havia saído. Eu era um garoto da roça.

Chegamos em um dia e voltamos no outro. Tínhamos de entrar em uma fila gigantesca para a confissão. Meu pai me colocou na fila para eu me confessar. Agradeço a Deus porque ele não me levou para o mal, não me levou para uma casa qualquer, mas me levou para a casa de Deus. Meu pai era muito simples, não percebeu que eu não havia me preparado para confessar. Até aquela idade, nunca havia participado da catequese. Na minha região, não havia catequese, mas meu pai me disse: "Vá para diante do padre e fale tudo o que você tem no coração, todos os seus pecados."

Pecado? O que é isso? Era uma palavra estranha para mim. Eu já tinha 14 anos e nunca havia escutado aquela palavra. E meu pai me colocou naquela fila repetindo o que dissera antes: "Diga ao padre tudo o que você fez, tudo o que pensa e tudo o que diz." Eu tremi de medo, de pavor; tremi muito.

"ESTA É A MINHA HORA"

Na minha frente, muitas pessoas se agitavam, mexiam-se para lá e para cá, mexiam as mãos, os pés, os braços... E sussurrando, diziam: "Está chegando a minha hora." Compreendi que, quando eles se aproximavam do padre, falavam: "É a minha hora."

Então, quando cheguei perto do padre, olhei para ele e disse: "Esta é a minha hora." Acho que ele não me compreendeu, porque ficou me olhando e perguntou o que eu havia dito. Novamente eu falei: "Esta é a minha hora." Ele prosseguiu: "Conte seus pecados!" Ainda sem saber bem o que deveria dizer, olhei para ele e falei: "Eu não tenho pecados."

O padre era uma pessoa idosa, mas muito paciente e compreensivo. Ouvia e orientava a todos, homens, mulheres e crianças, com a mesma atenção, bondade e sabedoria. Percebendo minha falta de experiência religiosa e total despreparo para a Eucaristia, começou a fazer perguntas, às quais eu respondia simplesmente com sim ou não. De repente, eu disparei a falar, a dizer para ele o que tinha em meu coração, tudo o que havia feito e pensado. Tudo vinha à mente; então continuei a falar, e o padre ouvia com muita atenção.

Eu desabafava, contava coisas que nem lembrava ter feito. Permaneci em confissão durante 45 minutos. Antes de sair, o padre colocou a mão sobre minha cabeça e rezou:

> *Deus Pai Todo-Poderoso, que pela morte e ressurreição de Vosso Filho quisestes reconciliar convosco o mundo, enviastes o Espírito Santo para a remissão dos pecados, pelo mistério da Igreja, peço que te conceda o perdão e a paz.*

Dito isso, olhou bem nos meus olhos e disse: "Vá em paz e que o Senhor te acompanhe!"

Enquanto o padre dizia aquelas palavras, algo de ruim saía de mim e uma grande alegria invadia meu coração. Cada palavra que ele falou, com as mãos sobre minha cabeça, mexeu profundamente com meu coração. Foi como se tivessem me dado um banho e aquela água tivesse retirado todas as manchas. Senti-me tão leve, como se alguém tivesse tirado um peso de meus ombros, uma cruz bem pesada de minhas costas. Então, compreendi que meu corpo estava livre. Senti que duas lágrimas quentes rolavam por meu rosto e caíam sobre meu corpo. As pessoas em volta me olhavam e não compreendiam por que um menino de 14 anos ficou em confissão tanto tempo aos pés do padre. Entendiam menos ainda por que aquele menino saía dali com tanta alegria, demonstrando tanta felicidade.

Fui me afastando do padre, mas não conseguia parar de pensar em tudo o que havia me acontecido. Foi quando percebi que as palavras daquele homem brotavam em minha mente e comecei a repeti-las: "Deus Pai..." Fui repetindo tudo o que ele me disse; era tudo o que eu sabia dizer. Continuei andando e não percebi que já era quase noite. Cheguei ao local onde iríamos dormir e, durante a noite, as palavras voltaram a meu pensamento. Despertei ouvindo minha voz repetindo aquela prece.

O CORPO ERA O DELE

No dia seguinte, bem cedinho, fui logo à igreja para participar da missa. Era tudo maravilhoso para mim. Os cantos, as leituras, tudo falava de Deus e do céu. Eu estava maravilhado. No momento da comunhão, lá estava eu, um menino que nunca havia feito catequese, que nunca havia estudado ou se preparado para aquilo.

No dia anterior, no momento da confissão, o padre havia dito: "Amanhã cedo você entra na fila e comunga." Nunca havia comungado; era meu primeiro encontro com a Eucaristia. Não conhecia a Eucaristia; mesmo assim, entrei na fila. Eu estava dentro da Igreja de São Francisco de Assis, recebendo

Jesus Cristo pela primeira vez. Quando o padre disse: "o corpo de Cristo" e o colocou em minha boca, senti que algo tomou conta de mim; algo de maravilhoso penetrou todo meu corpo, minha mente, minha alma, toda minha vida.

Ajoelhei-me e fiquei sem perceber o movimento na igreja lotada. Estava diante da imagem de São Francisco de Assis, com o coração batendo forte, com um enorme sorriso nos lábios e minha alma cantava hinos de louvores ao Senhor. Naquele momento, eu poderia até dizer: "Minha alma engrandece ao Senhor." Poderia cantar, poderia morrer, sentir todos os prazeres do mundo, mas nada que passasse à volta faria sentido. Somente a paz maravilhosa tinha lugar em mim. Só aquele gosto em minha boca tinha sabor. Só a alegria imensa e a sensação de felicidade profunda na alma tinham importância e significado em minha vida.

Logo eu, que havia sofrido tanto, que passara por enfermidades na infância, pela fome, pela injustiça social e tantas outras coisas... Agora não sentia nada daquilo, só amor, gratidão e esperança.

Aquele pedaço de pão matava minha fome, invadia minha alma, curava meu cansaço, minhas dores, meus traumas, minha angústia, minha solidão. Foi uma cura completa; meu corpo dançava na graça. Por um momento, senti-me completamente longe dali. Parecia que eu estava afastado de todos. A multidão daquele lugar, os ruídos, até mesmo os cânticos não me perturbavam porque eu estava longe. As lágrimas quentes queimavam meu rosto, lavavam meus pecados e meu passado. É verdade que eu não conhecia, não compreendia aquela felicidade, mas permanecia de joelhos, não conseguia me levantar.

O rito da Comunhão foi acabando, o padre ministrava a benção final e eu estava sem forças, sem coragem, inteiramente entregue. Logo percebi: tudo o que me matava, agora estava sendo morto com o que o padre havia me dito. Ele havia me apresentado o pão e, olhando em meus olhos, ele me disse: "Eis o corpo de Cristo." Saí daquela igreja com o coração agradecido, mas chorando. Chorava por saber que eu não poderia ficar ali. Minha realidade era outra agora, teria de voltar para casa, recomeçar o trabalho na roça, preparar o terreno, plantar sementes, esperar a chuva, como sempre fizera. Colher o trigo, vendê-lo e, somente no próximo ano, voltar a Canindé.

Era assim que meu pai fazia. Todos os anos, no final do mês de setembro, voltava a Canindé. Portanto, não havia outra saída, precisava voltar para casa. Com os olhos cheios de lágrimas, olhei para a imagem de São Francisco e disse: "Ajude-me a voltar! Eu quero voltar!" Saí da igreja dizendo para mim mesmo: "Eu quero voltar!"

[CAPÍTULO 2]

RETORNO AO PARAÍSO

Vinte e um anos depois, eu voltei e cumpri a promessa que fizera a mim mesmo. Eu vinha de Fortaleza, dirigindo um carro e entrei na cidade de Canindé. Já era padre. Estacionei por volta do meio-dia, em frente à Igreja de São Francisco de Assis. Era o mês de julho. A cidade estava um pouco vazia.

Eu já era bem conhecido em outros lugares, mas não em Canindé. Havia celebrado junto aos restos mortais de São Francisco em Assis, na Itália. Vivi muitas experiências positivas e negativas. Estive em Jerusalém e conheci as pegadas de Jesus Cristo. Chorei no Calvário e me alegrei no monte Tabor. Festejei e celebrei na casa de Nossa Senhora, em Nazaré. Confirmei o matrimônio de alguns casais no mesmo local em que Jesus havia transformado água em vinho. Celebrei a Eucaristia na mesma sala em que Jesus celebrou com seus apóstolos a última ceia. Chorei no Jardim das Oliveiras. Fui batizado pelo padre Carlos Alberto nas águas do rio Jordão. Mas agora eu estava ali, diante da Igreja de São Francisco, em Canindé, aquele lugar sagrado para todos os nordestinos, o maior santuário de São Francisco de Assis da América, lugar dos pobres. É para lá que os pobres vão todos os anos para abastecer a alma e buscar forças para enfrentar as misérias da vida.

Caminhei igreja adentro, ao encontro da imagem de São Francisco. Percebi que quase nada havia mudado naquele lugar. Olhei para todas as áreas da igreja que, em meus 14 anos, parecia tão grande. Agora, percebia que não era tanto assim. Olhei novamente para a imagem de São Francisco e, chorando, pensei: "Voltei. Eu voltei!" Revivi todas as lembranças do dia em que saí daquela igreja dizendo que voltaria.

Eu estava diferente, já havia conhecido tantas coisas, viajado por tantos lugares, tantos países, mas confirmei minha fé na Igreja única de Jesus Cristo, na intercessão dos santos e, em especial, no pão vindo dos céus. Repeti as palavras de Jesus: "Quem come a minha carne e bebe o meu sangue tem a vida eterna [...] Pois a minha carne é verdadeiramente uma comida e o meu sangue, verdadeiramente uma bebida" (João 6, 54-55).

Junto à imagem de São Francisco, agradeci pela proteção e amizade do santo. Agradeci a Jesus por ser católico, da mesma Igreja de São Francisco e Santa Clara, de Tomás de Aquino, padre Pio, São João Maria Vianney, e de milhares e milhares de outros santos católicos que, como eu, rezaram, comungaram, confessaram, choraram e acreditaram no Senhor.

PAGUEI MINHA PROMESSA

Voltar àquela cidade, após viver e vencer muitos obstáculos, tinha um significado especial para mim. Voltei para dizer: "Estou aqui e, agora sim, posso adorar a Jesus Cristo em espírito e em verdade." Ainda perdido em lembranças, inebriado por um profundo silêncio, eu permanecia diante do Santíssimo. Olhava ao redor e via aquelas paredes brancas, aqueles mesmos bancos de madeira que todos os anos acolhem os fiéis que participam da festa celebrada no dia quatro de outubro.

Eu estava de volta. Era como se estivesse vivendo o passado, o dia de minha primeira comunhão. Eu ali, com as lágrimas rolando pelo rosto. Já havia experimentado tantos momentos maravilhosos, mas aquele era muito forte. Não resisti ao pranto e, soluçando, agradeci dizendo: "Muito obrigado, Senhor! Estou aqui de novo, no mesmo lugar onde um dia Te amei, Te recebi e provei de Teu corpo na Eucaristia!" Com todo fervor, eu continuava: "Obrigado, Jesus, porque estou aqui e minha alma exulta no Senhor!"

Fiquei algumas horas dentro da igreja, depois voltei para a casa de meus pais que, há alguns anos, junto com meu passado, eu havia deixado para trás. Estava muito feliz, era a mais pura expressão de felicidade. Feliz por pertencer somente a Jesus Cristo. Feliz como São Francisco de Assis, que dizia: "Meu Deus e meu tudo." Jesus também é meu grande tudo.

Já estava quase saindo quando me lembrei da oração que São Francisco fazia quando visitava a torre de uma igreja. Ele ficava de joelhos e dizia: "Nós Vos adoramos, Santíssimo Senhor Jesus Cristo, aqui e em todas as Vossas igrejas espalhadas pelo mundo inteiro, e Vos bendizemos porque, por Vossa Santa Cruz, remistes o mundo". Fiz essa oração e continuei meu caminho.

[CAPÍTULO 3]

SAÍDA DO PURGATÓRIO

Voltando para a realidade de meus 14 anos, posso dizer que vivera em situação precária. Trabalho na roça, sofrimento, dores, enfermidades, fome, incertezas e necessidades. Aos poucos, a experiência vivida no Canindé foi ficando para trás. Em seu lugar, foram aparecendo as primeiras novidades: as festas, as coisas do mundo, as brincadeiras e, junto com elas, a necessidade de trabalhar para me vestir e ajudar meus pais. Minha vida a partir daí foi ficando cada vez mais difícil.

Aos 17 anos, tive de deixar minha cidade, minha família e abrir mão da proteção de meu lar e da amizade de outros jovens da vizinhança. Não dava mais para ficar ali. Eu precisava seguir minha jornada para ganhar a vida em outro lugar, precisava ajudar minha família. Sair do Nordeste, deixando minha terra, era uma necessidade porque lá eu não teria futuro. Queria estudar e encontrar meu caminho, talvez um caminho de pedras, mas havia chances de chegar ao final do percurso.

Eu teria de escolher um destino, mas nada ou muito pouco eu conhecia da vida e do mundo. Não conhecera lugar algum além de minha roça e do Canindé, cidade de minha saudade. Eu não havia estudado e não sabia nada. Ainda hoje lembro o dia em que saí de casa pela primeira vez, vendi tudo o que tinha e, com a ajuda de meus pais, consegui o dinheiro da passagem. A cidade escolhida foi Brasília, pois sempre escutava que lá tudo era fácil.

Eu disse para o rapaz que vendia a passagem: "Moço, quero ir para Brasília, porque é pertinho daqui e posso voltar a qualquer hora!" Assim eu pensava. O rapaz olhou para mim e disse: "Perto? Brasília, tão perto?" Na verdade, eu nem mesmo sabia para onde fugir. Talvez eu não quisesse sair dali; mas, por destino, vontade de Deus ou por uma fatalidade, eu estava sendo expulso de minha terra, de minha casa, de minha família e de tudo que eu amava.

Entrei no ônibus com destino a Brasília. Lembrei-me de uma velha canção que, com um vizinho que tocava seu violão desafinado, eu cantava mais ou menos assim:

Adeus meus queridos pais, meus irmãos e irmãs, adeus a todos os colegas matutos e pracianos, que eu irei viver ausente de vocês muitas semanas. Em Brasília, não me esquecerei de todos os camaradas, do inverno do Nordeste, das primeiras trovoadas, dos banhos, de pescarias e das festas de vaquejada; se eu pudesse levava tudo em minha companhia.

A solidão e a saudade eram minhas companheiras.

Esperava que a cidade de meu destino fosse muito perto, acreditava que, em algumas horas, estaria em Brasília. Eu nada trazia comigo: nem dinheiro, nem roupas, nem mesmo o que comer;

mas os companheiros de viagem logo abriram seus sacos e tiraram suas farofas; a festa começava. Ao final de quatro dias e quatro noites, avistei as luzes de Brasília. Foram quatro dias de tormento, em uma longa e sofrida viagem. A disenteria, tão frequente nesse tipo de viagem, logo se apresentou coletivamente. A solidão se misturava com a lembrança de minha família e de minha pobre terra.

Ali estava eu, diante das luzes de Brasília. O medo do desconhecido tomou conta de mim. Eu tremia como uma geleia; os dentes quase saíam pela boca. Até hoje não sei se era pelo frio ou por medo. Estávamos na rodoviária de Brasília, um lugar completamente diferente de onde eu embarcara, no distante Ceará. Eu estava em Brasília, "Capital do Espírito Santo", ou seja, a cidade em que haveria um grande despertar do Espírito, conforme o sonho de dom Bosco.

Brasília era uma cidade grande. Para mim, era enorme! Fazia um frio de arrebentar qualquer nordestino acostumado com o calor e o sol ardente. Em fração de segundos, cada companheiro de viagem seguiu seu destino. Fiquei na rodoviária, envolvido por um frio que consumia meus ossos. Estava só diante do mundo, da vida, dentro de um barco chamado Brasília, uma cidade nova, fria e solitária. Foi justamente a solidão que me recebeu naquela rodoviária.

Eu estava em busca de um mundo novo; fugia da fome, da miséria, da seca que destrói e arranca a esperança. Por onde ela passa não deixa saudade, somente miséria e humilhação. Eu fugia do atraso, da injustiça social, dos homens ambiciosos que só pensam no ter, no ser e no prazer. Fugia da ignorância, da falta de oportunidades, do atraso. Eu, que era o próprio atraso: sem estudo, sem cultura.

Lá estavam os três poderes: Legislativo, Executivo e Judiciário. Estavam tão perto de mim agora. Provavelmente não nos conheciam porque morávamos no interior do País. Ninguém conhece aquele que está ausente. Os Poderes caminham a passos de tartaruga; muitas vezes estão paralisados. Os ricos mais ricos, e os pobres mais pobres. Ninguém passou por ali oferecendo alguma coisa para os que necessitavam: estudo, emprego, promoção social. Mas agora, que eu estava tão perto deles, minha vida seria diferente.

Percebi que ninguém ficava na rodoviária. Uns chegavam e outros saíam. Eu tinha chegado. Então eu tinha de sair. Mas para onde? Meu destino era Brasília; eu já estava nela. Juntei o resto de coragem que ainda restara em mim. Peguei, a esmo, um ônibus que me levaria para algum lugar da cidade.

Já era quase noite quando cheguei a um bairro de Taguatinga chamado M Norte. Logo depois de descer do ônibus, fui recebido por dois rapazes que me disseram: "É um assalto!" Eu não sabia bem o que era isso. Mas um dos rapazes encostou uma arma em minha cabeça e foi dizendo: "Não olha para nós!" Ele arrancou de meu braço um velho relógio que eu trazia. Fiquei ali, parado; e eles me deixaram sem entender o que tinha acontecido.

No entanto, como de costume, fui guiado pela mão de Deus. Encontrei um velho barraco, muito pobre, bem parecido comigo. "O senhor só paga no final do mês", disse-me a proprietária. Agradeci por estar no início do mês. Assim comecei a nova vida.

Mais tarde, descobri que, na Capital da Esperança, também existiam fome, miséria, desemprego, flagelação. Comecei minha procissão à procura de emprego, de bar em bar, de obra em obra, de firma em firma, de lugar em lugar. Procurava o que todos estavam procurando e não encontravam. Ninguém sabia onde estava o tão sonhado primeiro emprego! Três meses nesse sofrimento, apenas ouvindo: "Você não serve!", "Você não dá conta!", "Você não tem referência!", "Você não tem estudo!", "Não precisamos de você!", "Não tem emprego!"

ENCONTRANDO UMA LUZ

Certo dia, batendo à porta de um hotel, fui contratado para realizar serviços gerais. No hotel, tudo era maravilhoso, limpo, bonito; era um sonho! Longe de "minha caneta" chamada enxada, comecei uma vida nova. Nunca havia entrado em um hotel, nem sabia que isso existia. Aquilo tudo era muito para mim, mas eu estava ali, para agarrar com unhas e dentes aquela oportunidade única na vida.

Eu era responsável pela limpeza, mas a maior limpeza seria feita em mim. Eu precisava mandar para o ralo toda ignorância, toda maldição da miséria e toda injustiça social. A limpeza teria de ser feita a partir do passado, mas também no presente; eu não poderia me sujar, nem sujar os outros. Ainda me lembro dos primeiros dias e dos primeiros meses. Lembro-me do primeiro salário, recompensa na vida de um trabalhador; e eu era um trabalhador, tudo o que havia feito na vida era trabalhar.

Na minha cidade natal, as crianças já nasciam trabalhando. A vida não era um brinquedo. Meu pai dizia: "Está brincando com o trabalho? Leve a sério!" E nos ensinava: "O mundo não é um parque de diversões, é um campo de trabalho." Não sei quem ensinou isso para ele, só sei que essa lei era levada muito a sério. Ele falava, geralmente na hora da refeição: "Quem não trabalha, não merece comer." Anos depois, encontrei-me com as Cartas de São Paulo, que diziam o mesmo. Fiquei admirado em saber que meu pai pensava como São Paulo.

[CAPÍTULO 4]

VIDA DECADENTE

O primeiro salário chegou à mão direita, passou pela esquerda e logo fiquei sem nada. Com o tempo, tudo era assim, passava muito rápido e eu ficava sem nada. Tudo era novidade: os amigos, os bares depois do trabalho, as festas, as primeiras namoradas. Eram muitos os amigos no hotel com os quais comecei a sair. Longe da família, longe de casa, sem dar notícias, fui me envolvendo com um mundo novo e perigoso.

Com esses amigos, conheci o que nem imaginava existir em uma cidade e até na vida das pessoas. Conheci a noite escura de uma alma, conheci o porão da humanidade, conheci o mundo e com ele o lamaçal. Fui me entregando aos caprichos dos outros, aos caprichos do mundo. Eu era o resto, comendo o resto de tudo que a vida deixou. Com o tempo, compreendi que meus companheiros aproveitavam-se também desse resto.

O primeiro ano passou rápido porque, como eu disse, era tudo novidade. Eu morava em um barraco de madeira, sem piso. Sem esperança. Dois anos se passaram, eu já estava bem envolvido com o mundo, não tinha mais os primeiros companheiros. Não precisava mais deles, ia sozinho para bares, boates e praças; para os cinemas e para as "esquinas da vida". Havia me afastado completamente de Deus. Não fui mais à igreja; as boas experiências ficaram no passado. Vivia no pecado e, assim como Adão pecou e se escondeu de Deus, eu também me afastava Dele.

Muitos anos depois, atendendo a uma confissão, compreendi essa verdade dura e real: o homem sai da Igreja, afasta-se, culpa e até trai a Igreja porque está no pecado. Foge da luz e procura a escuridão para ninguém ver sua miséria. Adão fez isto: "Escondi-me porque estou nu" (Gênesis 3,10). Até os 17 anos eu ouvira meu pai dizer: "Procure alimento para a barriga e não para a cabeça"; mas, naquele momento, eu só procurava alimento para a cabeça. Minha experiência era com o mundo, com o desejo da carne, com os prazeres e com tudo o que a vida podia oferecer.

As experiências positivas nessa época foram poucas, e não faltaram frustrações. Bebia sem imaginar que isso destruía meu "eu" profundo. Fui vivendo dentro de mim, degustando o sabor do veneno que corroeu toda alegria e satisfação que a juventude poderia oferecer. Em pouco tempo, as novidades do mundo roubavam minha esperança. Quem não tem esperança não tem vida, e, sem vida, cheguei ao terceiro ano naquela cidade e um grande vazio invadiu meu ser, uma grande dor tomou de conta de meu coração.

Eu sentia um peso enorme em minhas costas. Uma dor horrível em meu peito. Bebia cada vez mais, todos os dias. No hotel, ninguém ligava para mim. Os feriados — ano-novo, Carnaval e até as festas religiosas, como o Natal — eram datas que me arrastavam para o fundo do poço. Como o filho pródigo, eu era companheiro dos porcos.

NAS MÃOS DA MORTE

Um dia, senti algo estranho dentro de mim. Eu estava esgotado, desanimado, martirizado. Trabalhara poucas horas e já não aguentava mais o vazio. Era um vazio enorme, diferente de todos os outros; nada o preenchia mais. As noites, os amigos e as bobagens que um homem sem Deus pode fazer só contribuíam para a solidão e alimentavam a depressão.

Então decidi que daria fim àquela dor. Resolvi pular do terraço do hotel; voar pelos vários andares me daria a oportunidade de sair da solidão. Fiquei marcando os passos. Era só um pulo, e tudo estaria acabado. Comecei a escutar uma voz que dizia: "Paciência! Espere um pouco e tudo vai ser diferente!" Aquela voz batia forte em meu peito; mas eu estava tão adormecido que não prestava atenção em nada.

Fazia um vento forte, um barulho enorme assoviava em meus ouvidos. Eu precisava pôr um fim em tudo aquilo e paciência era tudo o que eu não tinha. Estava cansado dos vícios, das noites, das pessoas que procuravam na carne uma razão para viver. No mundo onde eu vivia, falava-se de tudo: dos jogos, dos times, da nova marca de cerveja, das novidades da moda, tudo era motivo de comentários. Mas de Deus ninguém tinha coragem de falar. Hoje sei que ninguém ama aquilo que não conhece.

O sonho de estudar que eu tinha quando estava no Nordeste, ficou no Nordeste. Não tinha sonho algum, somente um grande pesadelo. Não tinha valor. Era apenas um jovem usado, que também usava os outros. Aprendi rápido o caminho da perdição. Andei sozinho pelos piores lugares da cidade, vivi as piores situações e algo de muito ruim sempre me acompanhava.

Olhando para baixo, vi o vazio e ouvi a voz insistindo: "Paciência, tudo passa!" Minhas pernas adormeceram, e eu me sentei. Senti o ar fresco bater no rosto, o sol me encheu de confiança, aquela voz me deu uma paz tão profunda que me tirou daquele lugar. Desci a escada, escondi-me no banheiro e uma crise de choro tomou conta de mim. Aquelas lágrimas me ajudaram a esperar por algo de bom que poderia acontecer.

Nos anos que se seguiram, pouca coisa mudou. Ao contrário, fui mais tentado, mais levado por situações, pessoas e momentos que plantavam em mim uma escuridão aterradora. Vivi assim dias e noites, mais acordado do que dormindo. Eu não conseguia dormir e, quando o fazia, era um sono perturbado, e acordava mais cansado. Lembro-me da véspera de um Natal em que comecei a dizer para todos que a data era ilusão, era só um dia para comprar e receber presentes e comer peru. Aqueles que não tinham peru, como eu, invejavam os que tinham, e os que nada ganhavam do Papai Noel amaldiçoavam a data. Bebia cada vez mais para não ver o Natal, embebedava-me na véspera e só Deus sabe quando parava.

Na verdade, as festas que lembravam um pouquinho os valores cristãos — família, amor, perdão, gratidão e caridade —, eu fazia questão de esquecer. Eu permanecia só. Eu me sentia só. Cuidava dos porcos, limpava a lama e morria de fome por não comer a comida dos porcos. Hoje sei que Deus estava presente, acompanhando-me, olhando-me, amando-me, admirando-me. O amor estava ali, como dizia o irmão de Assis: "O Amor não é amado." Ele estava sempre em meu caminho, crucificado em meu pecado, em minha ignorância, em minha miséria.

Deus estava sempre presente e eu, ausente. Deus estava acordado e eu, dormindo. Como um guarda, vigiava-me, mas eu estava paralisado, anestesiado. Não via a graça de Deus em minha vida, não ouvia a voz que me dizia que tudo iria mudar. Além de surdo, eu era um cego guiando e sendo guiado por outros cegos. O cego não vê a luz.

Fiz de tudo para esquecer aquela experiência de Canindé. Esqueci o homem do lixo, as imagens de minha mãe. Quebrei minha aliança e minha fé. Mas Deus estava Se oferecendo, insistindo: "Eis que estou à porta e bato; se abrir, entrarei" (Apocalipse 3,20). Eu havia fechado a porta para Deus e para o amor. Expulsara a esperança e a confiança. Não acreditava em nada porque tinha perdido a confiança em mim mesmo. Passei por tantos sofrimentos, vi tanta miséria... Andei nos becos.

Nada mais fazia sentido.

A MISÉRIA POR COMPANHEIRA

Conheci a miséria de perto. Aos oito anos tivera uma experiência dolorosa e triste. No ano de 1970, fui jogado em uma frente de trabalho com mais de cinco mil homens, divididos em grupos de 28 homens. Eu era a única criança ali. Longe de minha mãe, tinha de trabalhar ouvindo o grito do feitor, que berrava: "Cumpram a tarefa!" E eles, com enxadas, picaretas e carrinhos de mão, faziam uma estrada que não levava a lugar algum.

Aqueles homens, humilhados pela fome, esperavam o dia de sábado chegar para receber como pagamento alguns quilos de farinha que colavam no céu da boca — gosto de "caviar" para quem não conhecia —; receber alguns quilos de feijão que ninguém conseguia cozinhar e que foi apelidado de "ovo" — quanto mais se cozinhava mais duro ficava —; e ganhar algumas rapaduras. Era todo o pagamento que se recebia. Pior era ter de colocar tudo em um saco, jogar na cabeça e caminhar por 32 quilômetros, sem ajuda e sem companhia. E, então, eu seguia pensando: "A vida é um dia atrás do outro com uma noite no meio."

[CAPÍTULO 5]

CONHECENDO O HOMEM DA CRUZ

Dia 12 de junho de 1983. Era o Dia dos namorados, eu estava só, não tinha para quem dar flores, bombons, presentes ou receber alguma coisa. Aquele dia me pegou de surpresa. Cheguei ao hotel, e já vieram me dizer: "Sabia que hoje é o dia em que os corações apaixonados estão em festa?" O meu não estava. Ao contrário, estava triste, solitário e frio.

Era domingo, eu chegava de uma farra e teria de trabalhar até três da tarde. Agora eu era mensageiro, recebia todos os hóspedes — geralmente com alegria e entusiasmo. Recebia também a tão esperada gorjeta, que aumentava meu poder aquisitivo. Em seis anos, fui promovido somente uma vez.

Naquele dia 12, algo em mim dizia: "Hoje será um dia diferente, é o dia de tua graça, dia da vitória, da mudança." No entanto, eu não queria ouvir.

No fim do expediente, saí pela mesma porta de sempre: a porta de serviço. Havia planejado que, terminado o trabalho, iria ao cinema assistir a um filme de baixa qualidade. Quando a porta se fechou atrás de mim, alguém me acompanhou. Escutava seus passos, sentia sua presença, mas não via ninguém. Eu sentia e sabia que alguém estava a meu lado. Eu olhava para trás, para os lados, para frente, e só via as ruas vazias. Continuei caminhando em direção ao cinema, não tinha outro lugar para ir. Muitas vezes, nem compreendia bem o filme.

Aquela presença que me acompanhava parecia envolver-me, então comecei a me preocupar. "Será que estou doente, estou ficando louco, estou tendo alucinação?" Talvez na noite anterior tivesse bebido demais. De repente, não vi mais o que estava acontecendo, apenas lembro que, quando me dei conta, estava subindo uma escada. Para mim, era um lugar diferente e desconhecido. No cinema não tinha escada. "Para onde estou indo?" Uma enorme e pesada porta se abriu à frente. Entrei, e a porta se fechou sem que ninguém a tocasse.

Percebi que estava dentro de uma igreja, Santuário Perpétuo Socorro, em Taguatinga. Não havia ninguém naquele lugar. A nave da igreja é grande e estava vazia. Eu era o único a estar lá naquela tarde de domingo. Levantei os olhos para contemplar melhor o lugar e, para meu assombro, vi uma imagem enorme, a imagem de um homem crucificado. Fui direto até ela; melhor dizendo, fui empurrado, forçado a ir até lá.

Ajoelhei-me debaixo daquela cruz, mas não olhei para ela. Comecei a falar sem parar, a dizer palavras das quais nem mesmo sabia o significado. Meu corpo parecia que ia pegar fogo. Eu tremia. No meio daquelas palavras, lembrei-me de São Francisco de Assis. "Francisco, me ajude!" Um fogo intenso tocou meu coração, incendiando todas as células de meu corpo. Tive medo de que meu corpo incendiasse. Chorei e, com o rosto por terra, eu disse: "Sei que Você existe, sei que Você está aqui, sei que pode me ajudar! Pode me abençoar, me transformar, cuidar de mim! Senhor da Cruz, não compreendo como cheguei neste lugar, mas estou aqui a Seus pés!"

Eram muitas as perguntas. A única certeza era a de que eu estava diante de uma imagem, ajoelhado, pedindo misericórdia. Senti algo ruim saindo de mim e, depois, uma paz imensa, maravilhosa, me invadia. Uma paz que eu não saberia descrever; uma alegria profunda, como nunca havia sentido. Queria ficar ali eternamente, prostrado com o rosto no chão, sentindo aquela paz, aquele amor. Senti-me nos braços de alguém, alguém que me conhecia, que me amava como eu era. Alguém que não havia se esquecido de mim, que estava ali simplesmente para me amar. Amava-me de verdade. Senti-me acolhido e respeitado.

Apesar de tudo o que vivi e fiz durante aqueles seis anos, estava sendo acolhido e amado. Todas as coisas negativas saíram de minha vida. Escutei novamente aquela mesma voz: "Sê bem vindo! Tu chegaste. Eu venci; estás aqui!" Daquele momento em diante, minha vida seria transformada. Novamente, ouvi: "Confiança; eu te salvei. Morri na cruz por ti. Eu te amei!" No entanto, ouvi também outras vozes: "Você vai morrer!", mas a voz vencedora era mais forte. Senti Jesus dizendo: "Sou Eu, o Senhor e Salvador! Ressuscitei!" Todas as vozes se esbarravam em minha mente a uma velocidade inacreditável.

Eu estava leve, arrebatado, salvo e perdoado. Tornei-me totalmente novo. Eu era uma nova criatura. Levantando o olhar, deparei-me com o olhar do Crucificado. Do alto da cruz, Ele me olhava. Entre lágrimas, eu disse: "Infinito e bondoso Senhor da Cruz, não Te deixarei mais. Tu és minha vida, meu tudo, és meu Senhor!" Eu não sabia o que estava falando. Minha boca se abria e as palavras saíam.

Algo gritava dentro de mim, e eu engrandecia ao Senhor. Hoje eu sei que foi minha alma sedenta de amor, de justiça e de paz que gritava. Alma que teve a graça da experiência com Deus, com a figura do Cristo Crucificado, no lixo; com o Cristo Sacerdotal, pela absolvição de meus pecados, na cidade de Canindé; e com Seu Corpo e Sangue me embriagando com Suas delícias.

A primeira confissão e a primeira comunhão tinham sido também as últimas. Minha alma estava com sede e com fome. Era a ovelha encontrando o Pastor. Mais uma vez, ouvi aquela voz: "Eu te dou a Minha paz. Tu és Meu filho, hoje Eu te gerei!" Tudo o que eu precisava era de paz. Precisava ser amado.

Acalmei-me, fiquei em pé, ainda com as pernas trêmulas. Aquele momento durou mais ou menos quarenta minutos e, aos poucos, fui tomando consciência do lugar onde eu estava: era a Igreja Católica.

Eu estava debaixo da cruz de alguém, e esse Alguém era Jesus Cristo. "Ele é o Filho de Deus!", pensei. Lembrei-me da experiência que tive aos cinco anos com o Cristo no lixo. Alegrei-me e compreendi que Deus era meu amigo. Eu não estava sozinho. Decidi que, ao sair daquele lugar, minha vida seria diferente. O que eu vivi foi de tal modo definitivo que, mesmo se eu quisesse, não conseguiria voltar para os antigos caminhos.

O que era velho havia saído de dentro de mim – a doença, a depressão. Agora eu sentia, na mente e na alma, a força de um homem ressuscitado. Eu era um homem novo. Eu queria falar para as pessoas que eu não seria mais o mesmo.

Como eu nada conhecia, disse para o Homem da Cruz: "Eu estou aqui, gostaria de ficar. Não sei o que fazer, mas eu quero ser o que tu quiseres que eu seja!" Ainda olhei para Ele e tive a impressão de que também olhava para mim. Observei Seu rosto e fiquei parado; era como se Ele estivesse feliz porque eu estava ali. Comecei a andar de costas para Ele, fazendo o caminho de volta. Senti o Seu olhar a me acompanhar, eu estava tão feliz que olhei pra trás e disse: "Não vou mais Te deixar!"

Eu sabia que não seria o mesmo, algo de muito novo me esperava. Estava descendo aquelas escadas que há poucos instantes havia subido — conduzido e empurrado para dentro de uma igreja que eu não conhecia — e agora estava saindo, vibrando de alegria com o coração renovado, com uma alma nova. Na rua, eu não sabia que caminho seguir, porque, em todos os velhos caminhos pelos quais eu andara durante tanto tempo, ninguém me reconheceria.

DE VOLTA AO MESMO LUGAR

Eu não sabia que rumo tomar, mas, mesmo assim, fui me dirigindo à parada de ônibus, que ficava ao lado, na esperança de entrar em um ônibus e voltar para casa. Pela primeira vez em muitos anos, chegaria cedo, ainda à tarde. Geralmente, chegava pela manhã, depois de uma noite na farra. Desta vez, estaria voltando para casa, entusiasmado com meus pensamentos.

Contudo, uma mão poderosa me arrancou dali e me reconduziu à igreja. Encontrei uma escada e desci. Eu estava dentro de um salão enorme, no subsolo da igreja, com mais ou menos duzentos jovens, que cantavam, pulavam, brincavam. Notei, na face de cada um, uma alegria que eu não conhecia, uma felicidade, um sorriso diferente do meu.

Sentei-me, cansado da vida e de tudo que já havia feito. Em menos de um segundo, uma moça aproximou-se e disse para mim: "Você não pode ficar aqui." Olhei bem para ela e percebi que era uma jovem alegre, simpática e sorridente, mas seu sorriso trazia uma notícia que não me dava paz. Eu não poderia ficar ali? Mas como? Há instantes eu conhecera o Homem da Cruz, que me dera toda a garantia de que aquele era meu lugar, e agora aquela moça me dizia que eu não poderia ficar.

Silenciosamente, retirei-me, quando outra moça gritou: "Não, não, vá para o outro salão", e me levou até lá. Quando cheguei, vi 15 senhoras. Olharam-me e, em silêncio, segurando o terço nas mãos, continuaram rezando. Não me ignoraram, é verdade, mas também não falaram comigo, não me cumprimentaram.

O FILHO PRÓDIGO

Depois do terço, começou a oração por perdão. Pediam perdão, clamavam por misericórdia; depois fizeram um louvor a Deus. Em seguida, rezaram para que uma senhora fosse usada pelo Espírito Santo de Deus e falasse para todos que estavam ali. Era a primeira pregação que eu ouvia na vida. Essa senhora tomou o capítulo 15 de São Lucas e começou a falar de um jovem que, em sua loucura, talvez no meio de uma briga, saíra de casa, pedindo ao pai sua herança, porque não queria mais viver com ele. O pai silenciou e entregou ao filho tudo a que ele tinha direito. O jovem, poucos dias depois, partiu para uma terra bem longe do pai e do irmão, onde gastou toda a fortuna com prostitutas, jogos, bebidas e amigos.

Procurava um trabalho e não encontrava. Muito tempo depois, um senhor daquela região mandou-o cuidar dos porcos, animal considerado imundo pelos judeus. Mas sua situação era pior que a dos porcos. Diz a Palavra que "desejava ele fartar-se das vagens que os porcos comiam, mas ninguém lhas dava" (Lucas 15,16).

E, nessa situação, mais maldito do que os porcos, ele se lembrou da casa do pai, não do pai em si, mas dos escravos que tinham pão em abundância. "Quantos empregados há na casa de meu pai que têm pão em abundância... e eu, aqui, estou a morrer de fome! Levantar-me-ei e irei a meu pai, e dir-lhe-ei: Meu pai, pequei contra o céu e contra ti; já não sou digno de ser chamado teu filho. Trata-me como a um de teus empregados" (Lucas 15,17-19).

Aquele jovem ficara muitos anos longe de casa; mas um dia ele percebeu que não tinha mais dinheiro, amigos, servos, camelos ou rebanho. Foi cuidar de porcos, passou por necessidades e, com fome, desejou comer aquilo que os porcos comiam. Ele resolveu voltar. Não sabemos quanto tempo ele levou para chegar a casa; mas, ao voltar, seu pai o avistou primeiro.

Todos os dias, o pai esperava pela volta do filho; sempre olhando na mesma direção, querendo que o filho voltasse, não importava como estivesse. Na mesma estrada que levara seu filho para longe, viu alguém voltando; mas era alguém derrotado pela vida, alguém desanimado, alguém que havia perdido tudo. Naquele momento, o pai percebeu que quem estava voltando era seu filho.

Aquele filho que dissera: "eu quero a minha herança, porque estou indo para longe; não quero ter motivos para voltar!" O pai, em silêncio, entregara-lhe um grande rebanho de camelos e cordeiros; escravos e joias; e uma grande quantia em dinheiro. Aquele filho que, com toda aquela fortuna, abandonara o pai, agora estava voltando, transformado em um mendigo. Tudo perdera. Nada lhe restara, a não ser a fome, a solidão e a humilhação.

O pai se levantou; movido de compaixão, correu ao encontro do filho e abraçou-o, beijou-o, emocionou-se. O jovem logo disse: "Pai, pequei contra o céu e contra ti, já não sou digno de ser chamado teu filho, trata-me como a um de teus empregados." Aquele jovem saiu da casa do pai sem nenhuma explicação. Gastara a sua herança, vendera seu rebanho, entregara seus escravos e jogara fora suas joias, talvez em troca de amizades. Envolvera-se com amigos de mesa, gastara o que o pai lhe tinha dado e, quando tudo acabou, resolveu voltar para junto dele.

Mas tudo isso não importava para o pai. "Trazei-me depressa a melhor veste e vesti-lha, e ponde-lhe um anel no dedo e calçado nos pés. Trazei também um novilho gordo e matai-o; comamos e façamos uma festa. Este meu filho estava morto, e reviveu; tinha-se perdido, e foi achado" (Lucas 15,22-24). E deu-se início a uma festa.

Aquela senhora explicava e continuava olhando em minha direção, falando como se soubesse que eu também havia deixado meus pais, principalmente o Pai do Céu, falando como se soubesse do meu encontro maravilhoso com Deus. Havia também perdido minha herança e me jogado no mundo. Ela dizia: "Filho, o Pai te espera. O Pai está esperando para te abraçar, para te acolher, para te ajudar." Era o Espírito Santo falando pela boca daquela senhora. Deus se utilizou dela para me ensinar o caminho.

Segundo ela, o jovem não se achava digno de ser chamado filho, mas o pai sempre o considerou como filho; por isso o recebeu com festa. E a senhora prosseguiu: "A veste é sinal da graça. O pai poderia muito bem ter dito: 'Tragam um balde de água, vamos lhe dar um banho. Tragam uma tesoura! Venham logo, vamos perfumá-lo!', mas não foi nada disso. Ele pediu a veste: 'Recebe a minha graça. Eu te visto, eu te acolho'. Recebe essa graça, a mesma graça que Adão perdeu no jardim quando pecou, quando traiu a vontade de Deus e confiou na vontade do inimigo. Mas agora Deus o estava cobrindo com sua veste. 'Coloquem-lhe um anel no dedo.' O anel era um sinal vivo de que seu usuário pertencia àquela casa".

Eu compreendia e lembrava que, na minha infância, junto com meu pai, muitas vezes pegávamos o sinal e marcávamos nosso gado. Aquele sinal era nossa marca e todos que vissem o animal saberiam que ele pertencia a meu pai. Lembrei-me disso no momento em que a senhora disse, "coloquem-lhe um anel". O anel fazia parte daquela casa e todos que o vissem teriam de ter respeito pelo filho, porque o pai estava devolvendo-lhe esse respeito. "Coloquem-lhe um calçado nos pés", porque somente o escravo andava descalço. O filho não, o filho teria de andar calçado para que os que chegassem a sua casa compreendessem logo que não se tratava de um escravo, mas sim do filho do dono da casa. "Tragam um novilho gordo, vamos comer e fazer uma festa", uma festa que durante muitos anos não acontecia naquela casa. Festa que não houve na saída do filho, mas que começava com sua volta.

Eu estava em uma grande festa, o clima era diferente. Algo poderoso estava no ar, eu era bem recebido, sentia-me em casa; mas minha timidez não me deixou continuar ali. Parecia que aquela senhora estava contando toda a minha vida, como se ela me conhecesse. De repente, o pensamento do mal se aproximou de mim. "Certamente, essa senhora foi uma daquelas que saíram comigo, que me conhecera ou que talvez já soubesse que eu estaria aqui." Levantei-me e fui embora.

Já em casa, pensava sobre aquela noite, que havia sido diferente de todas as outras. Nada mais tinha sentido, nem a televisão, nem as conversas, nem os vizinhos. Senti que eu estava diferente. Dormi cedo e, no outro dia, quando cheguei ao hotel onde trabalhava, senti um grande vazio. Eu não poderia mais ficar lá. Há quase seis anos estava naquele local. Ele era minha vida, onde tudo começara, tudo o que eu conhecia. Não poderia jogar fora todo aquele tempo, então esperei pela vontade de Deus. Rezava, clamava, pedia ao Senhor a melhor orientação. Os amigos foram se afastando porque minha conversa sobre Jesus Cristo ser meu Senhor e Salvador os aborrecia. Senti-me abandonado.

Na tarde em que deixei aquela igreja, eu dissera que não voltaria mais àquele lugar porque aquelas senhoras me conheciam. No entanto, durante toda a semana, elas não saíram de minha mente, nem a palestra maravilhosa sobre o filho pródigo. "Este filho se parece comigo, este rapaz sou eu", pensei.

[CAPÍTULO 6]

O CHAMADO

Uma semana depois, fui procurar as senhoras da igreja, mas não as encontrei. Em seu lugar, encontrei pessoas diferentes que louvavam a Deus, um povo cheio do Espírito Santo. Eu estava conhecendo a Renovação Carismática Católica, nascida há poucos anos nos Estados Unidos. Era uma nova maneira de ser feliz: falar e cantar em línguas, profetizar; receber os dons da cura, da revelação e da alegria. Eu estava dando os primeiros passos para me tornar católico apostólico romano e carismático. Carismático para agradecer a Deus, para viver com Deus.

Passaram-se três, quatro, seis meses, e eu sem saber o que fazer. Continuava no hotel e um dia resolvi falar com Jesus. Entrei em um banheiro, apaguei as luzes e, de joelhos, pedi ao Senhor: "Mostra-me Teu caminho, quero fazer a Tua vontade, quero viver para Ti; o que queres que eu faça?" E, no silêncio, recebi a resposta: "Eu te quero padre."

Essa novidade tocou profundamente meu coração, meu corpo inteiro doeu. Era uma dor forte, quase desmaiei. Aquela era a pior notícia que eu poderia receber. "Como serei padre se não conheço ninguém que possa me levar a este caminho? Também não sei o que é ser padre. Apenas sei que é preciso estudar muito. Se ao menos eu ainda fosse criança, mas aos 23 anos não posso mais ser padre." Despedi-me de Jesus Cristo e saí daquele lugar. "Eu te quero padre", ressoava em minha mente.

Por muito tempo, aquela frase ressoou. Um mês depois, conheci um franciscano, frei Vilmar, que olhando bem para mim, perguntou: "Queres ser padre?" Eu respondi: "Não, padre eu não quero ser!" Contei minha história para ele, tudo o que havia feito no passado. Ele ficou em silêncio. Uma semana depois, recebi um telefonema do frei Vilmar fazendo-me novamente o convite: "Queres vir a um encontro para ser padre?" Não resisti e fui até a cidade de Anápolis, em Goiás. Havia no encontro trinta jovens. Passei por uma entrevista com sete frades. A cada um contava minha história e todos diziam a mesma coisa: "Para entrar no convento é preciso ter o segundo grau e você não tem; portanto, não pode entrar."

Vibrei. "Realmente é isso, não tenho estudo, nunca estudei." Graças a Deus por não ter estudado! Se eu tivesse estudado, talvez pudesse ser padre. Permaneci no encontro de sexta-feira até domingo à noite. Agradeci aos frades, tomei o ônibus e voltei para Brasília. Serei outra coisa. "Serei um bom cristão, um bom leigo. Casarei, serei fiel. Como os frades disseram, padre eu não posso ser." Voltei feliz.

Era o mês de dezembro. Mais de uma semana após o encontro, recebi uma carta dos frades franciscanos, do mesmo convento onde me disseram que eu não poderia ser padre, anunciando: "Seja bem-vindo ao convento franciscano de Anápolis, você foi escolhido." Eu deveria partir em fevereiro. Perguntei a Jesus: "Por que fizeste isto comigo?"

Do momento em que li a corespondência até a noite, continuei minha ladainha. "Jesus, faz seis anos que estou nesse hotel e não vou pedir demissão. Meus familiares precisam desse dinheiro e, mesmo para ir morar no convento, eu precisaria de algumas coisas." "Não posso ir, não dou conta. Sou muito limitado, não tenho estudo." "Não tenho vocação para ser padre. Posso ser tantas outras coisas, mas padre não. Esqueça!"

O mês de fevereiro se aproximava. No hotel, dia 21 de janeiro de 1985, por volta de oito horas, fui chamado ao setor de pessoal e, sem nenhum motivo, recebi com surpresa a notícia: "Você está sendo dispensado, pode ir embora." Eu estava ali há seis anos, nunca havia faltado — apenas uma vez cheguei dez minutos atrasado — e estava ouvindo do responsável pelo departamento de pessoal: "Estou dando baixa em sua carteira de trabalho." Em menos de 24 horas, eu tinha em minhas mãos a minha rescisão de trabalho — toda a riqueza que me pertencia. Não era quase nada, mas tudo a que eu tinha direito estava em minhas mãos.

Fui para o mesmo lugar onde havia conhecido o Cristo Crucificado, olhei para Ele e disse: "Por que fizeste isso comigo? A culpa é Tua! Estou desempregado, não tenho para onde ir! E o que vou fazer?" Recebi como resposta uma frase que soou forte: "Tem o convento. Pode ir!" A palavra "convento" me assustava. Eu era um rapaz na flor da idade e com muita saúde. Pensava no silêncio do convento e dizia para Jesus que não poderia dar certo.

ABRAÇANDO A CRUZ

O fato é que, em poucos dias, lá estava eu, na rodoviária de Taguatinga, esperando o ônibus que me levaria para o convento.

Eu estava angustiado, sozinho com uma mala na mão. O tal ônibus não aparecia. Já pensava em voltar para casa quando de repente apareceu um rapaz em minha frente. Cabeludo, malvestido e cheirando a bebida, quase não se segurava em pé. Ele me olhou e disse: "No início eram 12, mas um foi o traidor." Falou e foi-se afastando, enquanto eu, completamente paralisado, fiquei ali.

Finalmente entrei no convento franciscano no início do mês de fevereiro de 1985. Percebi que muitos jovens que entraram comigo tinham concluído o segundo grau e os outros terminariam naquele ano. No ano seguinte, iniciariam o noviciado na cidade goiana de Catalão, momento de muita graça e muita provação para eles. Depois fariam os primeiros votos e, aí sim, ingressariam na ordem franciscana. Iriam morar em Londrina, onde fariam quatro anos de filosofia e mais quatro anos de teologia.

Estávamos em grupo, conhecendo-nos, quando frei Santana olhou para mim e perguntou: "Você tem o certificado do segundo grau?" Frei Santana fazia parte da coordenação e também era diretor do Colégio São Francisco. Eu respondi: "Não, não tenho!" Ele olhou bem em meus olhos e disse: "Como você foi chamado?" Eu havia dito isso a todos os frades que me entrevistaram. O que havia acontecido? Deus fechou os ouvidos de todos eles e ninguém compreendeu o que eu disse?

No dia seguinte, fizeram uma reunião entre eles e decidiram que, como eu já estava lá, deveria ficar. Faria o primeiro grau em um ano e o segundo, em três, mas teria de estudar durante a noite em um colégio da cidade, que ficava longe do convento. Travei uma grande luta com os estudos, já que teria de aprender tudo de uma vez. Disseram que eu teria um ano para terminar o primeiro grau e aceitei o desafio; mas não imaginava que seria tão difícil. Lancei-me dia e noite nos estudos. Não só nos estudos, mas também nos trabalhos, que, no convento, são muitos. Deveria estudar, trabalhar e rezar. Dormia quatro horas por noite; às vezes nem dormia. Estudava, trabalhava, esforçava-me e colocava-me diante de Deus. A cada dia era um novo começo. Estava sempre pensando em Jesus Cristo, em Sua história, Sua dor, Sua vida.

As festas de fim de ano estavam aproximando-se, e eu estava preparando-me para sair de férias. Chegando o Natal, entrei no salão onde os estudantes costumavam fazer suas recreações — os frades nunca participavam dessas recreações porque havia uma sala só para eles, onde não podíamos entrar; era proibido para os seminaristas. Eu contemplei o salão, que se tornou grande demais para uma pessoa. Estava sozinho; todos os companheiros foram passar as festas com seus familiares. Eu estava só, para fazer aquela refeição de Natal.

No dia seguinte, eu sairia de férias. Lembrei-me de todo aquele ano. Fiz um retrospecto das alegrias e das tristezas: o desafio que travei com os estudos, as noites em que passei em claro, os joelhos feridos. "Eu venci!" Tinha o certificado do primeiro grau. Consegui fazer oito anos em apenas um. Pensei nos colegas que haviam entrado comigo; eram rapazes tão seguros, inteligentes, mas não estavam mais ali. Muitos haviam desistido logo nos primeiros meses, e os que ficaram diziam que não voltariam para o ano seguinte. Mas eu, que gemi, chorei no decorrer daquele ano, que tinha até sido incompreendido por muitos, estava ali, completamente apaixonado pela vida no convento. Estar naquele convento era para mim uma realização pessoal.

DE VOLTA A CASA DE MEUS PAIS

Nas férias, viajei para a casa de meus pais. Seria o primeiro encontro com meus familiares depois de anos. Logo sentiram a diferença. Eu havia mudado muito, desde a última vez que estive lá. Eles perceberam por minha conversa, meu jeito, que eu só apontava para Jesus. No primeiro dia, o inimigo, que sempre me atacava e usava as pessoas para me atacar, começou a usar meu pai. Ele me atacava sem piedade, sem medir as palavras e ainda chamava os vizinhos para, juntos, convencerem-me de que eu estava no caminho errado. E, como se não bastassem todas as ofensas, colocava em dúvida minha sexualidade. Para ele, o homem nordestino teria de se casar e ter muitos filhos. A exemplo de meu pai, pelo menos 22. Até o dia de minha ordenação, ele fez tudo para que eu desistisse.

NO CONVENTO

Com o fim das férias retornei ao convento. Como mudei de colégio, fui à secretaria, e a diretora me perguntou qual curso eu queria fazer, se contabilidade ou normal. Eu não sabia o que era um nem outro. "Contabilidade", ressoou uma conhecida voz que sempre decidia por mim, a mesma da cruz. O curso foi extremamente proveitoso para o futuro, pois, estando em uma paróquia, preciso de ter noções de contabilidade e de administração de empresa.

Logo no início, percebi que não seria fácil. A turma era grande, cerca de sessenta alunos — oitenta por cento mulheres. Anápolis é conhecida pela beleza de suas moças. Uma situação difícil para quem morava em um convento. Eu estava ali, na realidade do mundo; e estaria todas as noites, das 19h às 23h. Nos primeiros dias, um professor de Literatura começou a falar olhando para mim: "Já sei que você não tem futuro; jamais passará em minha matéria." Durante quarenta minutos, ele foi completamente usado por satanás. Tentou me devorar; suas palavras penetravam minha alma.

Calado, chocado, angustiado, segurava o crucifixo em minhas mãos. Apertei-o tanto que me feri. Voltei para o convento e, como sempre fazia, fui direto para o Santíssimo. Naquela noite, arrasado, contei tudo para Jesus, tudo o que o professor me falou. Aos poucos, fui me acalmando e tendo a certeza de que aquele professor já estava nas mãos do Senhor. No dia seguinte, quando cheguei ao colégio, lá estava ele, desconfiado, desanimado e, por seus olhos, notei que estava angustiado. Essa foi a última vez que o vi.

O tempo passava e eu estava cada vez mais envolvido com os estudos. Como havia prometido aos frades, depois de terminar o primeiro grau, lançava-me rumo ao segundo, que não seria fácil. Lembro-me de que, no decorrer daquele segundo ano, um cansaço que não era comum foi tomando conta de meu corpo, de minha alma. Todas as tardes, ao sair para o colégio, escrevia no quadro a hora da saída e, ao retornar, anotava a hora da chegada. Costumava sair às 18h40. Mas, naquele dia, o cansaço tomou conta de mim. Depois do jantar, decidi com muita tristeza que não iria para o colégio. Porém eu não poderia dizer aos frades simplesmente "não vou"; teria de dar uma explicação.

Apesar da tristeza — eu queria ir para o colégio, mas não conseguia —, escrevi a hora da saída e voltei para o quarto. Fechei a porta, apaguei as luzes, deitei-me na cama. Meu corpo parecia arrebentado, era como se meus ossos estivessem partidos. Não conseguia ficar em pé. Angustiado, comecei a chorar e a dizer para Deus: "Não posso mais continuar neste seminário com esses estudos. Não tenho mais saúde, alegria, paz. Quero voltar para minha vida antiga." Na minha dor, dizia: "Não aguento mais!"

Como o profeta Elias, o grande profeta de Deus que, depois de ter corrido com medo da morte, entrou pelo deserto e caminhou o dia todo; eu também havia caminhado durante tanto tempo e estava naquele convento dizendo para Deus que não podia mais continuar. Assim como Elias se sentou embaixo do junípero (1Reis 19) e pediu para si a morte; eu também estava deitado na cama, dizendo para Deus que não podia mais continuar no convento. Com o profeta, eu também dizia: "Agora basta, Senhor, tira minha vida, pois não sou melhor do que aqueles que entraram comigo e desistiram. Tenho de voltar, Senhor, para minha vida. Estou desistindo, não quero mais ser padre."

Coloquei-me diante de Deus e senti que alguém estava entrando no quarto, alguém que me amava, que me acolhia, que me recebia. Eu estava de olhos fechados e percebi que alguém me olhava. Entrou uma segunda pessoa no quarto que não me conhecia, e a primeira me apresentou a segunda. As duas conversavam. A primeira dizia para à segunda que eu fora escolhido por Deus e que Deus me amava muito, que estava do meu lado naquele momento.

Despertei como se tivesse retornado de uns três meses de férias, e estava completamente animado. Olhei para o relógio, era o mesmo horário em que eu costumava ir para o colégio. Saí correndo do quarto, peguei a bicicleta e fui para a escola. Nunca mais senti aquele tipo de cansaço maldito que havia me levado à prostração.

O profeta pediu para morrer e um anjo o despertou, dizendo: "Levanta-te e come." (1Reis 19,7). Elias abriu os olhos e viu um pão assado debaixo das cinzas e uma jarra com água. Ele comeu, bebeu e voltou a dormir. Eu não conhecia o Livro dos Reis, nem a passagem em que o anjo também fez essa caminhada com o profeta, mas a verdade é que comigo aconteceu o mesmo. O anjo ainda dizia para Elias: "Levanta-te e come, porque tens um longo caminho a percorrer" (1Reis 19,7). Eu também tinha um longo caminho a percorrer. O que eu não sabia é que esse caminho seria tão difícil, tão cheio de barreiras. Era tão estranho! Não sabia onde estava indo; só sabia que Deus estava levando-me para junto Dele, levando-me para Seu altar, para grandes assembleias, grandes palestras, grandes celebrações.

O Senhor me conduzia. Eu tinha um longo deserto para percorrer; um deserto que não conhecia porque, se conhecesse, certamente não teria ido. O Senhor foi conduzindo-me por meio do segredo da vida religiosa, mostrando-me como era belo ser franciscano, mostrando-me que tudo o que acontecia naquele convento fazia parte de um projeto traçado por Ele.

Eu estudava à noite em uma escola pública porque tinha a idade mais avançada que os demais; e também porque o colégio franciscano, que talvez na época fosse o melhor colégio de Anápolis, era muito forte para mim. Os outros alunos estudavam durante o dia no colégio franciscano. Eu chegava às 23h, ou mais, e muitas vezes me sentia perdido diante do silêncio que se fazia no convento. É interessante como, com o tempo, a gente se acostuma com o silêncio! Eu chegava naquele convento escuro, ouvia o silêncio, e com ele sentia a solidão que o homem do mundo não conhece, porque não é uma solidão dolorosa, mas que traz paz e confiança.

Enquanto eu chegava, aqueles homens de Deus, que também haviam deixado tudo, dormiam tranquilamente. Naquele silêncio, eu podia perceber que aquela era uma casa de pessoas muito santas que, certamente, tinham suas dificuldades, seus problemas; mas o que reinava ali era a fé, a confiança em um Deus vivo e verdadeiro, que o mundo não conhecia. Mesmo a escuridão e o silêncio me diziam que Deus morava naquele lugar; que aqueles homens dedicavam suas vidas a Ele e eram pessoas escolhidas por Ele.

O tempo passava, e eu me acostumava com aquela vida. O convento fazia parte de mim, como eu fazia parte do convento. Realizava todos os trabalhos com muita alegria, muito amor, muita paz. Se fosse lavar um banheiro, lavava com alegria. Se fosse fazer outro serviço, como cuidar da horta, lavar roupa, fazia com alegria. Aquela era minha vida, aquela capela, aqueles lugares. Eu vivia com amor porque tudo para mim representava o Senhor Jesus, o Deus da nossa vida. Assim eu vivia para glorificar o Senhor. Dedicava-me dia e noite aos estudos, na esperança de um dia poder falar desse Deus e de tudo o que estava aprendendo com todo o fervor, com toda a sabedoria.

MINHA FAMÍLIA

No ano seguinte, o inimigo usou demasiadamente minha família: meu pai, meus irmãos, minhas irmãs e meus vizinhos. Criticavam-me, querendo me tirar do caminho. É bem verdade que, antes, eu trabalhava e enviava dinheiro, ao mesmo tempo em que farreava com os amigos. Mas agora eu era franciscano, não levava nada na mala. Em compensação, também não pedia nada. Minha presença passou a incomodá-los. A única coisa que eu levava era uma "conversa": falava de paz, de Deus. Eles me diziam: "Isso não é vida para um homem, isso não tem futuro. Para que serve isso aqui, neste sertão? O homem vale o que tem." Como eu não tinha nada, não valia nada.

Eu respondia com meu silêncio, minha oração e minha compreensão. Confesso que, muitas vezes, chorei de raiva, de angústia e tristeza, porque eles não respeitavam, nem compreendiam minha vocação. Eu não estava fazendo mal a ninguém, mas para a realidade do homem nordestino, aquilo era inaceitável.

Quando eu ia para minha cidade, naturalmente não namorava, pois era um seminarista. Eles não entendiam. Queriam me ver casado. As moças se aproximavam, desejando aquele "bom partido". Eu falava de Jesus Cristo e, como meu papo era somente sobre Deus, imediatamente elas perdiam o interesse por mim. Graças a Deus eu tinha forças para suportar todo tipo de provação e tentação que vinham sobre mim.

[CAPÍTULO 7]

PROVA DE FOGO

Eu já estava no terceiro ano dos quatro que deveria ficar no convento. Comecei a sonhar com a vida em Catalão, uma cidade de Goiás onde fica o noviciado franciscano. Era onde os jovens se preparavam para fazer os primeiros votos. Muitos de meus colegas foram, e eu aguardava ansiosamente minha vez. Finalmente, após o noviciado, iria a Londrina para fazer Filosofia. Como esse era meu sonho, no terceiro ano me dedicava muito; eu estudava a todo vapor. Já esperava o quarto ano, quando terminaria os estudos; então, poderia começar o noviciado.

Em uma tarde, eu estava no campo de futebol junto com os colegas de turma, correndo atrás da bola, mas não via nisso o menor sentido. Gostava de praticar esportes, pois sempre fazia gol. Mas, naquela tarde, não fazia sentido nenhum estar ali, naquele convento, naquele campo. Meus amigos gritavam uns para os outros que não precisavam me marcar, ou seja, bastava me deixar por conta da natureza. Realmente, a natureza estava me marcando. Não tinha sequer coragem para correr. Ouvi uma voz que dizia: "Vá para a capela." Eu olhei para os lados e vi que todos estavam envolvidos no jogo e nenhum deles havia falado comigo. Alguém me deu aquela ordem. Não liguei muito; continuei no jogo por conta apenas da natureza, como diziam meus colegas.

CERTEZA E FÉ

À noite, fui para o colégio. E, só às 23h, entrei na capela. Estava diante do Santíssimo somente por estar; não tinha coragem para rezar. Então algo extraordinário aconteceu. Do tabernáculo, onde a hóstia consagrada é guardada, saiu uma forte luz que me jogou no chão. Fui parar embaixo dos bancos, envolvido pela glória de Deus. A capela foi toda preenchida pela presença de Deus que saía do tabernáculo. Com o rosto no chão, fiquei paralisado, envolvido naquela realidade. Não sei se foi por um minuto ou por uma hora que vi e senti o poder do Cristo Eucarístico. Compreendi as palavras de Jesus: "Estou convosco todos os dias, até o fim [...]" (Mateus 28,20).

Ele havia confirmado em João, capítulo 6, diante de toda a multidão que estava com Ele naquele dia: "Eu sou o pão da vida, aquele que vem a mim não terá fome, e aquele que crê em mim jamais terá sede" (versículo 35). Os judeus murmuravam e perguntavam: "Ele não é o filho de José e de Maria? Não é filho do carpinteiro? Como diz que desceu do céu?" Jesus disse para eles:

> "Eu sou o pão vivo que desceu do céu. Quem comer deste pão viverá eternamente. E o pão, que eu hei de dar, é a minha carne para a salvação do mundo. [...] minha carne é verdadeiramente uma comida e o meu sangue, verdadeiramente uma bebida. Quem come a minha carne e bebe o meu san-

gue permanece em mim e eu nele. [...] Quem come deste pão, viverá eternamente. *(João 6,51,55-56,58).*"

Os discípulos, quando ouviram isso, disseram para Jesus: "Isso é muito duro! Quem o pode admitir?" (João 6,60) Naquele dia, muitos dos discípulos deixaram de andar com Ele; então Jesus perguntou aos 12: "Quereis vós também retirar-vos?" (João 6,67).

Até àquele dia, Jesus tinha 72 discípulos. Por causa de seu discurso sobre o pão da vida, Ele perdeu sessenta. Foi uma grande perda. Aquele discurso, politicamente, foi desastroso. Jesus ainda se voltou para os que permaneceram e perguntou: "Quereis vós também vos retirar?" Como se dissesse: "Não posso mudar minha palavra, ela é vida e verdade." E a verdade é: "Quem não come a minha carne e não bebe o meu sangue não tem parte comigo" (João 6,53) O grupo ficou calado e Pedro respondeu: "Senhor, a quem iríamos nós? Tu tens as palavras da vida eterna. E nós cremos e sabemos que Tu és o Santo de Deus!" (João 6,68-69).

Fiquei pensando na resposta de Pedro. De onde vinha tanta confiança? "Nós cremos e sabemos que Tu és o Santo de Deus." Como ele tinha tanta certeza? Era uma confiança que milhares e milhares de pessoas, no decorrer do Cristianismo, não tiveram. Saí da capela pensando em tudo o que havia me acontecido. A pergunta de Jesus Cristo era tão direta: "Quereis vós também vos retirar?" E naquela resposta de Pedro, tão profunda para mim, pensei: "Por que Judas não foi embora também? Já que ele não acreditava, não tinha tanta fé. Tinha de ficar?" Na igreja, nas comunidades, tem sempre alguém que não crê, mas não se retira. Pensei comigo: "É melhor me deitar e dormir." E naquela paz eu me deitei; só não consegui dormir.

ENFERMIDADE E CURA

À medida que o ano passava, eu sentia uma fraqueza imensa, dores pelo corpo, uma angústia profunda. Sentia que algo terrível iria me acontecer. Eu continuava rezando. O final do ano estava se aproximando. E, com ele, as provas finais. O cansaço aumentava, e comecei a sentir choques por todo o corpo. Nos últimos dias de prova, o sono desapareceu. Fiquei doente, mas tinha de continuar. Não dizia nada para os frades, estudava sem parar. Chegou o dia da última prova do terceiro ano. Só consegui terminar por graça de Deus. No outro dia, já me preparando para sair de férias, procurei a Santa Casa de Misericórdia. Fui examinado pelos médicos, que disseram: "Vá para Brasília, porque será melhor para você."

De qualquer modo, eu já ia para Brasília. Sempre passava por lá, pois minhas irmãs moravam na cidade; depois ia para o Nordeste. Entrei de férias e fui para a casa delas. Passei muito mal nessa viagem. Fui direto para o Hospital Regional de Taguatinga. Os médicos me examinaram e me mandaram para casa; mas, na mesma noite, tive de retornar ao hospital para ser examinado com mais cuidado. O médico pediu ajuda a seus colegas. Fizeram um eletrocardiograma e mais outros exames. Com o resultado nas mãos, fui chamado pela junta médica, que era coordenada por um senhor de cabelos grisalhos. Ele falava e os outros escutavam atentamente e com certo respeito. Olhando para mim, perguntou: "Você é de onde? Sua família é rica? Você vai precisar de um novo coração!" Eu pensei: "É tudo do que preciso. Estou sempre querendo um coração renovado." Esse era o pedido que os carismáticos sempre faziam. Então, ele puxou uma cadeira, pediu que eu me sentasse e me disse que, de acordo com os exames, eu teria de fazer um transplante, ir para

São Paulo e entrar em uma fila de espera. Essa era minha nova realidade. À medida que ele falava, eu morria aos poucos. Fiquei frio e completamente tonto. O médico encheu-me de remédios e mandou que me preparasse.

No outro dia, eu estava de volta. Comecei uma bateria de exames. Então compreendi minha situação. Eu estava no fundo do poço. Como se diz em minha terra, "em um mato sem cachorro". Não tinha a quem recorrer. Não adiantava gritar. Logo descartei minha ida a São Paulo, pois não tinha condição alguma.

Na casa de minhas irmãs, era um verdadeiro sofrimento. Elas quase enlouqueceram. Diziam: "Olha o que você foi ganhar no convento! Olha o que o convento fez a você!", "Você perdeu a vida e a saúde com esse seu Cristo." Ao final de quarenta dias eu parecia um cadáver.

Em um domingo, Dia do Senhor, os que me visitavam choravam, lastimavam-se, matavam-me. Então, pedi a minha irmã, já no final da tarde, que me levasse ao Santuário Nossa Senhora do Perpétuo Socorro, lugar onde conheci Jesus Cristo crucificado. Achando que seria meu último pedido, atendeu-me imediatamente. Aquela missa foi longa, talvez a mais longa de minha vida; uma longa hora que não passava. Comunguei e olhei para Jesus, que ainda estava na cruz, e voltei para casa. Quando as luzes se apagaram, eu me deitei. Procurava ar e não encontrava. Decidi que não iria morrer deitado e me levantei. Fiquei de joelhos e disse ao Homem da Cruz: "Estou aqui e só vou me levantar quando tu agires." Comecei uma oração que mais parecia um desafio. Apelei para Jesus Cristo: "Eu tinha uma vida, tinha saúde, tinha o mundo e hoje não tenho nada, a não ser a morte."

Continuei a dizer para Jesus Cristo: "Estou de joelhos e onde estás? Talvez estejas sentado em Teu trono, rindo de mim. Vais mesmo me deixar morrer?" Parava para escutar os passos desse

Deus e só ouvia silêncio. Nada escutava, nem o ressonar dos que estavam ali. Parecia que eles estavam mortos, e eu, com voz forte, gritava: "Estou sentado à beira da morte, olhando para a cova. Onde estás?"

De repente senti que meu corpo inteiro tremia, um fogo forte me queimava; então, pensei: "Estou morrendo." Coloquei o rosto no chão e me entreguei. Não sei por quanto tempo fiquei ali. Fui despertando e, no escuro, pensei: "Eu morri e estou no inferno. Que escuridão é esta?" Levei algum tempo para compreender que estava dentro do quarto, bastava acender a luz. Apertei o interruptor e percebi que o milagre havia acontecido. Estava curado e, anestesiado, adormeci.

Logo no outro dia, com um belo sorriso nos lábios, eu disse a minha irmã: "Vamos para o hospital porque estou curado." Ela olhou para mim e começou a chorar. Concluiu que eu estava louco, uma vez que é uma doença frequente na minha família. Acompanhou-me e, para a surpresa de todos, eu estava curado. Nunca mais tive nada no coração.

Finalmente, voltei para fazer o quarto ano no convento e terminar definitivamente o segundo grau, etapa conhecida atualmente como ensino médio. Eu estava muito bem de saúde, pronto para começar o último ano e concluir o ensino fundamental e ensino médio. Este seria meu último ano na cidade de Anápolis. Estava cheio de esperança e de entusiasmo, muito grato por tudo que Deus havia feito em minha vida. O Senhor havia me curado, me renovado. Eu estava muito feliz naquele ano. Sabia que seria diferente de todos os outros anos em que eu havia ficado ali.

NINGUÉM QUER O PAPEL DE JUDAS

Frei Vilmar foi o frade que me convidou para fazer o encontro em Anápolis quando eu estava no hotel. Ele era pároco da Paróquia Santo Antônio, em Brasília. Estava muito feliz em sua comunidade e, se dependesse dele, ficaria por lá. Quando fui aceito para o convento, fui visitá-lo e também justificar minha resistência. Ele me ouvia em silêncio. Eu falava, e ele me olhava. Eu dizia do medo que tinha, das dúvidas e da falta de estudo. Ele ficou me olhando e, um pouco assustado diante do que eu narrava, me disse: "Acabo de receber uma correspondência de meus superiores." A carta dizia que ele seria transferido para o convento, seria mestre dos aspirantes e guardião, ou seja, eu seria subordinado a ele. Aquela notícia me deu grande alegria e segurança.

No final daquele quarto ano, eu seria um forte candidato a entrar para a Ordem Franciscana. Concluiria o noviciado em um ano, depois a faculdade de Filosofia e outra de Teologia. E então os desafios seriam diferentes. Mas as dificuldades chegaram mais cedo, logo no início do ano. Comecei a me sentir fraco, desanimado e uma forte crise espiritual me tirava todo o gosto da oração e da Eucaristia. Levantar às cinco horas da manhã para participar da missa, em um frio de arrebentar — para quem sempre deitava depois da meia-noite — não era fácil. Naqueles meses, tudo foi perdendo sentido; minha alma foi ficando vazia. Não tinha mais coragem. Tudo para mim era sacrifício. Lembro que, em uma noite, chegando ao colégio, tomei uma decisão: dizer aos meus superiores que eu iria voltar para casa, fazer uma reflexão profunda sobre minha vocação e depois daria resposta.

Entrei na classe com esse pensamento, quando a diretora passou de sala em sala dizendo que naquela noite não haveria aula, e sim, uma conferência que aconteceria no pátio da escola. O conferencista seria dom Manoel Pestana Filho, bispo daquela diocese. Eu gostava muito de suas pregações, admirava sua santidade e o amor que tinha por Maria, mas, na angústia espiritual em que eu estava, nada fazia sentido. No entanto, a diretora avisou que seria obrigatório assistir àquela conferência; então, lá estava eu. Sentei-me em uma cadeira bem atrás de todos.

Os alunos estavam alegres porque não teriam aula. Sorrisos para todos os lados, assobios, gritaria; poucos estavam interessados no que dom Manoel Pestana tinha para falar; eu era um deles. Como era sexta-feira, os alunos só pensavam na farra do final de semana. Eu não ia para a farra. No convento, a televisão era liberada nas tardes de domingo. Os programas eram cuidadosamente selecionados pelos frades.

Dom Manoel começou a falar com seu carisma maravilhoso. Falou da guerra das ilhas Malvinas, dos atentados no Oriente, dos milhares de dólares gastos com a guerra, da juventude e de outros temas interessantes. Mas eu estava tão distante que nada me entusiasmava. No final, dom Manoel avisou que contaria uma história, pediu a atenção de todos e começou:

> *Determinado pintor gostava muito de descansar no convento franciscano. Era amigo dos frades e, por ser um pintor tão querido e famoso, sempre trazia boas ideias para a cultura no convento. Certa vez, à mesa do jantar, olhando para a parede, ele anunciou que pintaria o quadro da Última Ceia ali. Para isso, traria homens jovens para representar os apóstolos. Foi uma alegria geral; todos gostaram da ideia. Na mesma noite, saiu à procura de alguém para fazer o papel de Jesus Cristo. Entrando na primeira igreja, desceu uma escada, viu um jovem bonito, animado e sorridente. Pelas características, serviria para ser Jesus Cristo. Fez o convite e, prontamente, aquele jovem aceitou; assim, sua imagem deu início ao quadro da Última Ceia. No outro dia,*

saiu pelas praças, encontrou um jovem questionando sobre tudo; então pensou que ele poderia ser Tomé. Outro dia, à beira de um lago, encontrou um jovem pescador que, como Pedro, não apanhava nada; não teve dúvida, esse poderia ser São Pedro. Já no outro dia, estando em sua casa, chegou um motoqueiro com uma cobrança nas mãos; então ele compreendeu que poderia ser Mateus, o cobrador de impostos. E assim o quadro foi ficando pronto. A última peça do quadro seria Judas, mas ninguém aceitava o papel. Ele saiu pelas praças, pelas igrejas; procurou entre grupos de jovens, grupos de oração, e as pessoas geralmente diziam: "Judas, não." O quadro ficou incompleto um ano, dois anos. O pintor, aborrecido, deixou de frequentar o convento, porque os frades sempre cobravam quando ele terminaria o quadro. Ao final de quatro anos, o quadro continuava inacabado porque ninguém queria fazer o papel de Judas. Haveria uma grande comemoração no convento, então o guardião lhe telefonou exigindo a conclusão do trabalho. Cansado de receber não, muito aborrecido, o pintor saiu para procurar Judas. Não foi aos mesmos lugares de antes; foi aos becos, às esquinas e aos bares. Lá no prostíbulo, ele encontrou um jovem com aparência cansada, derrotada, angustiada, drogada e foi logo lhe oferecendo um bom pagamento por aquele trabalho de Judas. O jovem, olhando para ele e pensando no dinheiro da droga, logo disse sim. E lá se foram — o pintor e o jovem derrotado — para o convento. Sentado na cadeira, olhava para o pintor e o pintor para ele e a tinta ia dando forma ao novo Judas. À medida que o trabalho avançava, o jovem começou a chorar. Chorava, soluçava e se angustiava. O pintor, já aborrecido, lhe disse: "Meu rapaz, eu que deveria estar chorando porque me meti com esse quadro que já me trouxe muitos aborrecimentos; e agora estou lhe pagando para me deixar olhar para sua cara e passá-la para esta parede." O jovem, com os lábios tremendo, disse-lhe: "Senhor pintor, há quatro anos me trouxeste aqui para fazer o papel de Cristo; e hoje me trazes aqui para fazer o papel de Judas."

Dom Manoel falou isso olhando em minha direção; meu corpo tremeu quando seu olhar encontrou o meu. Assustei-me; dei um pulo da cadeira. Lembrei-me do dia em que estava esperando o ônibus para ir ao convento; alguém havia me dito: "No início eram 12, mas um era Judas." As lágrimas rolaram por meu rosto e houve um silêncio formal. Dom Manoel encerrou dando-nos sua bênção. Voltei para o convento com muita vergonha de Deus, dos santos, da Igreja e de mim mesmo. Estava decidido a não fazer o papel de Judas.

Os meses foram avançando e eu, firme nos estudos e na oração, cumpria todos os deveres, sempre pensando naquele final de ano que seria maravilhoso: eu concluiria o segundo grau. Falaria com orgulho: "Estou pronto para concorrer com qualquer um." Poderia prestar vestibular se quisesse, fazer concursos ou continuar os estudos para o ministério sacerdotal, que era tudo o que eu queria. Não queria nada mais, além de ser padre. Esperava, com alegria, a chegada do final do ano. Seria uma questão de tempo e paciência, e tudo estaria resolvido.

DE VOLTA À VIDA ANTIGA

Na segunda semana de dezembro, em uma sexta-feira, eu estava vibrando de alegria. Por volta de cinco horas da manhã, eu vesti minha melhor roupa, calcei meu bom e único sapato, e usei um perfume do qual ninguém gostava, apesar de ser muito bom — os frades perguntavam onde eu havia achado aquilo. Eu estava empolgado. Fui à missa com tanta alegria que logo fui convidado para fazer a primeira leitura. Todos percebiam minha alegria, e a comunidade sabia o porquê de tanta felicidade. Cada canto, cada oração, cada olhar daqueles que estavam na capela fazia meu coração pular de alegria. Quando entrei na fila para comungar, não era eu, era a própria felicidade. Recebi aquele Pão Sagrado, o Corpo do Senhor, o próprio Jesus Cristo, que matava minha fome e me dava força para caminhar.

Voltei para meu lugar, ajoelhei-me e agradeci: "Louvado seja porque sou um vencedor. Eu venci! Hoje farei a última prova e concluirei o segundo grau. Senhor, faze em mim a Tua vontade. Estou pronto para fazer a Tua vontade." De repente, fez-se um silêncio dentro de mim e da capela. Ouvi uma voz, que já era bem conhecida: "Arruma tuas malas, a missão acabou!" Aquela notícia mexeu imediatamente comigo. Em fração de segundos, a alegria desapareceu, dando lugar à tristeza. Senti a ausência de Deus.

Escutei frei Silvestre dizendo: "Ide em paz e o Senhor vos acompanhe." Todos saíram da capela correndo para o refeitório para fazer o desjejum. A expressão "Ide em paz" não estava comigo, a paz desaparecera. Ainda tentei questionar diante do Santíssimo, mas ninguém me respondeu. Fui para o refeitório e, pela primeira vez, o pão não desceu. Fui para o quarto, procurei a matéria daquele dia e, desesperadamente, tentei estudar. Na minha mente martelava aquela ordem: "Arruma tuas malas, a missão acabou."

Quase meio-dia, frei Silvestre me chamou e todo carinhoso falou do bem que eu havia feito naqueles quatro anos, de meu crescimento, de minha dedicação aos estudos e, principalmente, de minha oração. Disse ainda: "Hoje você termina o segundo grau." Eu confirmei e avisei que seria a última prova, então poderia sair de férias e, no início do ano, iria para Catalão. Com toda simplicidade, ele me olhou e disse: "Não, você não vai. Você não tem essa vocação. Faça a prova nesta noite, arrume suas malas e pode ir embora."

Aquelas palavras foram fundo em meu coração. Fiquei paralisado. Senti todo o convento cair sobre minha cabeça, ou seja, eu estava sendo quase expulso daquele lugar. Frei Silvestre era um homem sério, que não media muito as palavras. Foi formador por muitos anos e tinha fama de sempre mandar embora os alunos. Ele ainda tentou me consolar dizendo: "Você tem vocação para ser padre, mas não para ser franciscano. É por esse motivo que o estou mandando embora." Enquanto ele falava, senti a esperança morrer dentro da alma e a frustração invadir meu ser. Eu olhava para ele e não acreditava. Um filme passava em minha mente.

Durante quatro anos, eu havia dedicado toda a vida àquele convento. Esforcei-me para fazer a vontade de Deus. Deixei minha família, meu trabalho, meus amigos, a cidade de Brasília. Briguei com meu pai e com todos os vizinhos nordestinos; magoei muitas moças. Havia me apaixonado pelos carismas de Francisco de Assis: pobreza, castidade e obediência. Queria sair por aí com muito entusiasmo, chamando a todos de irmãos: irmão lobo, irmão sol, irmã lua; mas aquele irmão, com toda a autoridade de um mestre franciscano, dizia-me: "Você não tem vocação!"

Angustiado, eu procurava o Deus que eu havia adorado, acreditado e seguido durante quatro anos; o Deus que havia me tirado do mundo, mudado minha vida. Mas apenas encontrei silêncio e solidão. No restante daquele dia, uma grande nuvem escura se colocou ante meu sol e um sentimento de traição tomou conta de mim.

Fui para o colégio no mesmo horário, fiz a última prova. Os colegas que estudaram comigo se abraçavam e celebravam o fim daquela etapa. Todos sorridentes, pulavam e planejavam o futuro. Olhei para aqueles rapazes e aquelas moças que estudaram comigo todas a noites, durante três anos. Alguns traziam sempre novidades que nos alegravam. Fomos reunidos por um mesmo ideal: concluir o segundo grau, o atual ensino médio. Era a última vez que estávamos todos juntos.

Vi no rosto daqueles jovens a esperança de um futuro melhor. Olhei para as moças que sempre me tratavam com educação e respeito e pensei no futuro de todas elas. Doeu no coração saber que eu não faria parte disso. Olhei para aqueles rapazes que teriam um futuro diferente do meu: casamento, filhos, uma vocação. Eu, que naquele dia havia perdido a bússola da minha vida, só tinha a dúvida. Deu vontade de gritar e dizer para eles: "Fiquem comigo! Quero ficar com vocês!"

Minha realidade era outra; eu estava me despedindo, estava indo, não sabia para onde. Consegui ser o primeiro a terminar aquela prova, que entreguei para a professora, dei mais uma olhada para a sala e, sem me despedir, saí e nunca mais os vi. Ficaram em meu coração, em meu passado e, algumas vezes, em minhas orações.

Voltei para o convento naquele mesmo horário. "Não falo mais Contigo e nunca mais quero saber de Ti!", resmunguei diante da capela. Cheguei ao quarto e fiz minha mala com as poucas coisas que tinha. Pensava como seria bom se eu morresse naquela noite, ali, no convento.

O sono, o primeiro traidor, é o primeiro a desaparecer nesses momentos. Assisti à última missa no mesmo horário, tomei o café com meus colegas e sussurrei no ouvido do frei Silvestre que eu já estava pronto. Coloquei a mala no porta-malas de seu carro e desaparecemos sem despedidas. Nunca mais encontrei os colegas do convento.

Quando o ônibus chegou, estendi a mão para o frei Silvestre. Disse-lhe adeus, e ele colocou uma carta em minhas mãos e disse: "Entregue esta carta a qualquer bispo que você quiser e ele vai aceitar você em sua diocese." Aquele aperto de mão foi o fim de minha caminhada junto aos franciscanos.

Oito anos depois, na véspera de minha ordenação sacerdotal, recebi uma carta que li com muita alegria; o remetente era frei Silvestre OFM. Quando a abri, senti naquelas linhas sua alegria: "Sinto-me feliz com sua ordenação. Parabéns, você venceu! Durante esse tempo, eu o acompanhei em oração." Dizia ainda: "Caro padre Moacir, eu não sou mais o mesmo; estou muito doente, estou voltando para minha terra." Frei Silvestre era norte-americano e ficou durante muitos anos aqui no Brasil, trabalhando no estado de Goiás. Poucos meses depois, ele morreu.

Entrei no ônibus para fazer minha viagem de volta, que seria a mais longa de minha vida, a mais triste e a mais complicada. Eu estava só, voltando para o nada. Não tinha projeto, não tinha apoio nem futuro.

Nada de positivo eu via à frente. Estava voltando para Brasília cheio de cicatrizes, trazia no peito um coração ferido. "Nunca mais quero saber de frades, de padres, de missa, de religião." Até o terço, que geralmente eu rezava dentro do ônibus, fiz questão de esconder no fundo da mala. As promessas para minha vida foram ilusão. "Fui enganado", pensei.

Cheguei a Brasília e fui ao encontro de minhas irmãs, as quais havia deixado há quatro anos e a quem só as procurava nos momentos difíceis. Encontrei portas abertas, alegria, sorrisos e apoio. Em poucos dias, fui contagiado com o ânimo delas. O mundo não tinha acabado. Poderia fazer tantas coisas, recomeçar, trabalhar e, agora sim, formar uma família. Logo as moças vizinhas começaram a animar-se; só que sempre me faziam convites do tipo: "Vamos para as missas, para as novenas, hoje tem terço, vamos lá." Isso era tudo o que eu queria esquecer.

Fui trabalhar como voluntário, pela associação dos moradores, fazendo inscrições para distribuição de lotes do governo. Não ganhava nada; mas logo uma bela morena, simpática e sorridente, aproximou-se de mim e, sabendo que eu tinha sido franciscano, interessou-se muito. Nos primeiros dias, não queria sair de perto de mim. Descobri que era uma boa moça, temente a Deus, carismática e que ganhava um bom salário — daria para sustentar uma família. Percebi que foi bom ter sido franciscano, eu tinha uma vantagem: todos me respeitavam e minha influência aumentava.

[CAPÍTULO 8]

ESPERANÇAS

Em janeiro de 1989, eu já estava bem engajado em minha nova vida. Já havia se passado um mês desde a minha saída do convento, quando tive um sonho que me fez sentir forte a presença de Deus. Quando acordei, estava com tanta saudade de Jesus Cristo, que não tive outra opção a não ser ficar de joelhos e começar a rezar. À medida que eu o fazia, meu coração ficava cada vez mais cheio de saudade, amor e gratidão. Compreendi que a única razão de viver, minha verdadeira paixão, era Jesus Cristo.

Naquela oração, o Senhor me fez lembrar o envelope que frei Silvestre me entregou. Corri para minha velha mala e peguei aquele envelope que parecia brilhar diante de meus olhos. Abri e comecei a ler. Era uma apresentação, na qual ele dizia que eu era muito bom. Começava assim: "Senhor bispo, este jovem, de 27 anos, viveu conosco durante quatro anos, testemunhou um amor profundo por Jesus Cristo e pela Igreja; só não ficaremos com ele porque sinto que a vocação dele deve ser diocesana [...]." Conforme eu lia a carta, percebia que frei

Silvestre me conhecia profundamente, admirava-me e gostava muito de mim; percebi que ele era um verdadeiro pai.

No outro dia, bem cedo, com a carta nas mãos e com a ajuda do padre Carlos Alberto — na época ainda seminarista —, procurei dom Damasceno, que me recebeu com alegria. Leu a carta de frei Silvestre e disse para mim: "Seja bem-vindo à Arquidiocese de Brasília, mas vamos fazer um acompanhamento de um ano. E, no início do ano seguinte, você será chamado." Pegou meu telefone e três dias depois me ligou, dizendo: "Seja bem-vindo ao Seminário Nossa Senhora de Fátima. Se quiser, você já pode começar neste ano, no início de fevereiro." Não sei nem o que falei para o bispo! Era a segunda vez que eu falava com um bispo. Lembro que gaguejei, as palavras não saíram, mas eu dizia: "O senhor quem sabe!" E lembro o que ele disse: "Então, eu sei! Você pode vir logo!" Fiquei paralisado. Começaria tudo de novo.

Dez dias depois, um domingo, eu disse para a morena: "Adeus, que eu vou ser padre!" Ela perguntou: "Mas padre não pode casar", e eu respondi: "Nem namorar!" E eu pensei: "É a Deus que eu devo amar, só a Ele seguir e só a Ele me entregar!"

A VIDA NO SEMINÁRIO

Cheguei ao seminário com toda a minha riqueza, que não era quase nada. O vizinho que foi me deixar em seu carro, ano 1977, disse: "Que lugar mais belo! É muito rico esse lugar; você vai se dar muito bem aqui. Veja as casas, as mansões e até mesmo as avenidas, como são diferentes da expansão da Ceilândia!" Assim como eu, ele não conhecia o Lago Sul, bairro nobre de Brasília. Eu também estava admirado com tudo que estava à frente.

Eu, que não tinha nada, ia ter ali tudo de graça: estudo, cama, mesa farta e os melhores professores de Filosofia e Teologia.

Fui recebido por um jovem alto, alegre, um tanto careca, com nome de cantor e personagem de filme, Roberto Carlos Rambo, que me abraçou como se abraçasse um velho conhecido e, perguntando meu nome, disse: "Já sei onde fica seu quarto." Acompanhou-me, fez-me um interrogatório e, naquela tarde, grudou em mim. Saiu comigo mostrando tudo. O que não sabia explicar, inventava. Uma semana depois, descobri que, no mesmo dia em que cheguei ao seminário, naquela tarde de domingo, ele também estava chegando. Assim como eu, ele procurava alguém para conversar e não ficar sozinho em meio ao desconhecido.

A comunidade era grande, dividida em sete turmas. Havia os que estavam chegando, como eu, e uma grande turma que estava vivendo o diaconato, que era o sonho de todos os outros. Eu jamais imaginei que aquele jovem que me recebera com seu sorriso e entusiasmo, oito anos depois, seria fundamental em minha formação, inclusive convencendo o conselho do seminário sobre minha vocação.

Aquela primeira semana enfrentei um retiro espiritual que me levou a questionar a razão de minha vida. Compreendi o quanto minha realidade diferenciava-se da vida no convento. No retiro, não me senti bem. Era como se, em uma semana, eu tivesse vivido os oito anos que estavam à frente. No final, eu estava espiritualmente arrasado, preocupado e angustiado. Geralmente os retiros do seminário eram de total silêncio. Aquilo me assombrou, mesmo a mim, que gostava tanto do silêncio do seminário!

Logo na primeira aula, tomei consciência de que eu estava em uma faculdade, que só tinha intelectuais. Eu era tratado como filósofo; o curso de Filosofia duraria três anos. Meus professores eram pessoas extremamente preparadas. A maioria era padre, bispo e alguns leigos com formação extremamente profunda. Muitos com formação na Itália, na Alemanha e no Canadá; falavam vários idiomas.

Meus colegas de turma eram muitos, mais de trinta: quatro eram engenheiros, alguns advogados, economistas e outros haviam cursado alguma outra faculdade. Entre toda essa gente estava eu, que tinha por obrigação acompanhá-los à mesma altura.

A segunda aula que tive foi de Latim. Lembro-me da primeira pergunta que fiz ao professor, um português cansado da vida, que só falava da Segunda Guerra Mundial e que sempre tinha a resposta na ponta da língua. Ele olhou para mim, perguntou meu nome e disse: "Você perdeu uma boa oportunidade de ficar calado." Aquilo não foi fácil. Mas eu não mais me calei em suas aulas. Sempre era o primeiro a falar, até para provocá-lo. E, durante os dois anos de Latim, não tivemos uma boa convivência.

As aulas de Hebraico, Aramaico, Grego, Latim, Espanhol e Inglês eram obrigatórias e, muitas vezes, influenciavam na média. Vivenciei aquele primeiro semestre, com muita dificuldade, mas foi bom. Os colegas de Teologia geralmente diziam: "Filosofia não é nada! Duro é Teologia. Filosofia é serva da Teologia."

No seminário, o dia começava às seis horas da manhã, com o sino chamando para a missa e para as primeiras orações do dia. Em seguida, café e estudos até 12h45. Depois, fazíamos trabalhos nos jardins, limpeza da casa e prática de esportes. No final da tarde, retomávamos para fazer as orações, jantar e estudar até 22h, quando as luzes deveriam se apagar e o silêncio começar, até que se ouvisse "a voz de Deus", como era chamado o tocar do sino. Naquela época, havia alguns serviços que eram como verdadeiros castigos. Eram serviços desafiadores, que exigiam muito daqueles que fossem convidados a fazê-los por um semestre ou por um ano.

Um deles era tocar o sino. As primeiras badaladas deveriam ser às seis horas da manhã e eram necessárias 12 badaladas, "a anunciação", como se fosse uma oração. A cada 45 minutos era preciso tocar o sino. Se atrasasse um minuto, "o tocador" caía nas mãos dos estudantes. Se adiantasse um segundo, caía nas mãos dos diretores, e tudo ia para a avaliação do final do semestre. Outro serviço de grande responsabilidade era o de carteiro. Ele era responsável por todas as correspondências e, no final da tarde, fazia a distribuição do dia. Os que não recebiam nada culpavam o carteiro e até o acusavam de esconder as correspondências ou mostrá-las para os diretores. O carteiro era vigiado por todos os estudantes. Se errasse, conheceria a fúria deles, principalmente se o remetente fosse do sexo feminino. Geralmente eles procuravam justificar-se dizendo: "Você viu? Minha irmã me escreveu de novo!" E o carteiro, em sua inocência, nem perguntava: "Que tipo de irmã?"

Ser responsável pelo descarte do lixo era outro grande desafio, porque sempre tinha alguém dizendo: "O lixeiro não passou, nem aqui nem em lugar algum." Cuidar dos jardins era outro serviço ingrato, pois sempre aparecia alguém para dizer: "Por que essa flor nasceu assim? Por que não são todas brancas ou somente vermelhas?" E só faltava culpar o responsável pelo fato de as rosas terem espinhos. A limpeza geral era outro desafio, porque você tinha de colocar mais de cem pessoas para trabalhar no mesmo horário. Geralmente, todos queriam material em abundância, e o padre nunca tinha dinheiro para comprar o suficiente; logo, a culpa era do encarregado que economizava para agradar ao padre e colocar os colegas em situações desagradáveis.

No segundo semestre, fui escolhido para ser o sineiro; e, depois, dando continuidade, fui passando por todos os serviços. Se era para ajudar-me a ser mais educado, conviver melhor e aprender, pessoalmente posso dizer que tudo isso valeu a pena; mas não para minha imagem perante os colegas, que achavam haver em mim algo para ser corrigido, punido, o qual eles ainda não sabiam o que era. Perguntavam: "Qual é seu pecado? O que você fez?" Alguns me aconselhavam, dizendo: "Você tem de mudar." E eu ficava me perguntando: "Mudar o quê? Fazer o quê?"

No sábado, tivemos a primeira conferência, que se repetiria durante todos os sábados, e eu gostava. Ao final, o reitor deu-nos uma notícia: seria obrigatório, a todos os estudantes, ter um diretor espiritual.

O diretor espiritual torna-se a pessoa mais íntima do estudante. Deve ser um pai, um amigo. O dirigido não pode negar-lhe nada e deve obedecer-lhe em tudo. Existe uma coisa boa no diretor espiritual: na reunião do conselho, em que são tomadas todas as decisões negativas ou positivas, ele não pode se manifestar, nem em palavras, nem em gestos. Mesmo que o conselho acredite que seu dirigido seja um "santo", o diretor não poderá se manifestar contra, nem a favor. Os estudantes costumam ser espertos na escolha do diretor, procurando os padres simpáticos, geralmente jovens. Os engraçadinhos eram os mais procurados.

"Quem será meu diretor?" Com os colegas, descartamos aqueles que jamais poderiam ser. Então, escolhi um que acabara de chegar ao seminário: jovem, alegre, engraçado, amigo de todos os estudantes. Onde ele estava, tinha sempre um grupinho em torno dele. Quando lhe perguntei se queria ser meu diretor, prontamente ele me acolheu, recebeu-me e fizemos a primeira direção, que foi até boa. Marcamos a próxima, retirei-me do escritório, pensando comigo: "Que bom, acertei. Esse vai ser um diretor bem *light*!"

E por que não agradecer a meu amigo Jesus Cristo? Lá fui eu, cheio de alegria, de joelhos, fazer aquela oração que aprendi no convento: "Nós Vos adoramos, Santíssimo Senhor Jesus Cristo, aqui e em todas as Vossas igrejas que estão espalhadas pelo mundo inteiro e Vos bendizemos porque, pela Vossa Santa Cruz remistes o mundo. Faze a Tua vontade em mim". Perguntei: "Qual é a Tua vontade?", embora no decorrer da caminhada eu tivesse aprendido que não deveria fazer essa pergunta; seria melhor dizer: "Senhor, minha vontade é isso e aquilo; então faze, Senhor." Isso esquecido, só me restava agora ouvir a resposta. Então escutei aquela antiga voz: "Seu diretor é o padre André Moffatt."

Aquele nome furou meu coração como se fosse uma espada. Respondi: "Senhor, todos os colegas e muitos membros dessa comunidade me falaram desse padre; ele é o mais exigente, o mais duro e o mais complicado. Seus dirigidos são considerados como *crucificados.*" Como resposta, recebi o silêncio e saí do oratório muito preocupado. Durante uma semana, eu rezei, clamei e pedi: "Afasta de mim este cálice!"

Tomei uma decisão: falar com ele e perguntar se ele queria ser meu diretor. Na verdade, por tudo aquilo que eu ouvi sobre ele e pela maneira como se comportava na comunidade junto aos estudantes — quase não falava, não cumprimentava e era tido como um dos maiores teólogos que já havia passado por aquela casa —, fui bater à sua porta tremendo de medo. Quase não consegui falar.

— Padre André, eu quero que o senhor seja meu diretor.

Ele olhou por cima dos óculos.

— Por que você quer que eu seja seu diretor?

Eu estava em uma situação difícil; não podia dizer a verdade. "Eu não quero, estou sendo forçado. Cristo me mandou."

— Porque o Senhor é um homem de Deus!

— Todos nós devemos ser homens de Deus, respondeu.

— Mas o senhor é um homem sofrido, respondi já me arrependendo.

— Aquele que se tornou padre e não é sofrido, é porque não é padre. Nada justifica, até porque você já tem um diretor. Mas vá refletir por que você me quer como seu diretor e me procure daqui a oito dias.

Saí do seu escritório dizendo a mim mesmo: "Eu não volto mais aqui. Que absurdo! Que padre é esse?" Diante do Santíssimo, eu desabafei, chorei e disse que já tinha um diretor espiritual. Mas em minha mente persistia o nome do padre André. Oito dias depois, eu estava lá e, antes que eu dissesse alguma coisa, ele falou: "Vá escrever toda a história de sua vida e me entregue."

Padre André me acompanhou durante oito anos, foi meu único diretor, foi ele quem mais me ouviu, quem mais me levantou, quem mais me ajudou e, se sou padre, é porque tive a graça de ser seu dirigido. É verdade que não foi fácil. Ele era duro, cobrava, ensinava e, se fosse preciso, castigava; mas amava seus dirigidos. E hoje tenho certeza de que seus ensinamentos fizeram um grande bem para mim e para os que convivem comigo.

Concluído o primeiro ano de Filosofia, as avaliações sobre meu desempenho reafirmavam minha luta e minha vocação. Já no segundo ano, foram solicitados trabalhos pastorais nas paróquias da diocese, e, com isso, vieram novas experiências e desafios. Entre os colegas que entraram comigo no primeiro ano — quase trinta — a maior parte decidiu voltar para casa ou foi convidada a retirar-se. Em três anos de Filosofia, passei por provações, rejeições e muitos problemas financeiros, espirituais e intelectuais. O curso em si é um verdadeiro desafio porque mexe com fé, emoções e vocação. Como trabalho final da turma, seria apresentada uma síntese filosófica, uma espécie de prestação de contas final de tudo aquilo que foi aprendido, ou não, ao final de três anos. Os avaliadores de minha turma eram dom Raimundo Damasceno Assis — na época, padre — e padre Francisco de Paula Victor, que logo se tornou dom Francisco. Foi um mês difícil, pois tive de estudar todas as matérias. Dom Raimundo e dom Francisco tinham sido meus professores e eu já conhecia a fama e a capacidade intelectual de ambos.

Uma semana antes da prova eu estava angustiado porque sabia que, se não passasse na síntese, teria de voltar para casa. Encontrei dom Raimundo no corredor e perguntei a ele como seria. Sorrindo, ele me disse: "Não se preocupe. São tantas perguntas que pelo menos uma você tem de acertar." Fiquei preocupado inicialmente, mas logo percebi que poderia bem mais do que imaginava. Três dias depois, fiquei sabendo que, com facilidade, eu tinha vencido.

NA FORMATURA

Na noite da formatura, participamos da Santa Missa celebrada por dom frei Agostinho Stefan Januszewicz. Toda a comunidade estava presente: os convidados dos estudantes, os professores do curso de Filosofia e também os funcionários do seminário. Era uma missa em ação de graças, e eu via tanta graça em nossa vida — principalmente em minha vida — que agora podia dizer: "Tenho um curso superior que me traz alegria e convicção." Olhando para meus familiares que estavam presentes, orgulhosos de mim, senti-me honrado. Em seguida, foi-nos oferecido um jantar, além de uma série de discursos, e aquela noite terminou com todos os formandos vibrando de alegria; alguns dizendo: "Agora só falta o curso de Teologia e seremos padres!" Visitantes desavisados achavam que já éramos padres.

NO RIO DE JANEIRO

No dia seguinte, viajamos para o Rio de Janeiro para uma semana de turismo e lazer. Na primeira tarde, compreendi que realmente a cidade era maravilhosa, a cidade mais bonita que eu havia conhecido. Tudo era muito lindo, e eu estava muito feliz. Ficamos bem confortáveis, em uma casa cedida pelas religiosas, no bairro de Santa Teresa.

Conversando com um senhor, ele me dizia: "Aqui é muito tranquilo. Quando aparece alguém que quer tirar uma de bacana, a polícia vem e dá um tiro de 12 na cabeça dele, e aí os moradores ficam em paz. Por exemplo, na semana passada, apareceu um rapaz que começou a dar uma de machão. A polícia veio e resolveu. Agora estamos em paz." Eu fiquei assustado com os exemplos que ele me dava. Para ele era tão fácil resolver as coisas! Fiquei bastante perturbado e logo uma angústia terrível se apoderou de mim.

A noite caiu como um fantasma dentro de mim. Quase não dormi e, no pouco que dormi, fui tomado por um pesadelo no qual algo de ruim estava acontecendo. Tive uma visão de que a casa de meu pai, no Ceará, estava sendo invadida por toda força do mal. Aquilo me sufocava e parecia que ia me matar. Foi uma noite terrível. Eu lutava contra o mal; e, pelo menos para mim, o passeio acabou porque, até voltar para Brasília, eu me sentia preocupado, pois sabia que algo terrível havia acontecido em minha casa.

NOTÍCIAS DA FAMÍLIA

Quando cheguei a Brasília, fui avisado de que, na noite de terça-feira, meu pai havia encontrado meu irmão, que morava sozinho numa casa próxima, debatendo-se no próprio quarto.

Meu irmão tinha vindo para Brasília em 1967. Nessa cidade, ele se perdeu na bebida e na prostituição, principalmente dentro do Vale do Amanhecer. Nos anos em que lá morou, participou dessa seita espírita. Anos depois, meu pai o levou de volta para casa, no Ceará. Ele havia perdido a mulher e os filhos. Então, naquela noite de terça-feira, meu pai o encontrou dentro de casa sendo jogado de uma parede para outra, como se estivesse voando, e uma voz horrível saía de sua boca. Meu pai simplesmente correu, diante de tudo aquilo que testemunhou. Correu, trancou-se em casa e não permitiu que ninguém fosse ao encontro do seu filho. No outro dia, pela manhã, encontraram o meu irmão todo arrebentado, ferido e muito perturbado. Por volta das 16h do mesmo dia, ele morreu. Suas palavras finais foram: "Aquela miséria me matou!"

Hoje eu sei que a sua maior miséria foi ter sido espírita, ter vivido no Vale do Amanhecer. Foi o demônio quem surrou meu irmão antes da morte. Sabendo de tudo isso, compreendi que, naquela terça-feira à noite, eu sentira na pele tudo o que minha família estava vivendo.

Voltando para Brasília, de hora em hora eu refletia sobre aquele triste acontecimento. Por que meu irmão teria morrido assim? Meu pai sempre fora um homem corajoso. Ele havia ajudado, assistido e confortado a todos, na morte de oito de seus 12 irmãos. Meu avô morreu em seus braços, assim como minha avó. Sua primeira mulher morreu no parto, também em seus braços. Ele sempre ajudava vizinhos e conhecidos, confortando e orando com eles na hora da morte que era, para meu pai, algo muito simples. Mas, como ele disse, o que estava em meu irmão era muito diferente daquilo que ele conhecia. Ficou tão chocado que só foi ver meu irmão depois que ele morreu; e até hoje não gosta muito de falar do cenário daquela escura noite de terça-feira.

TEOLOGIA

Apesar da dor, eu tinha de voltar ao seminário para terminar os últimos anos de formação sacerdotal com o curso de Teologia. Eu sonhara chegar a esta etapa de minha formação, mas nem imaginava o que estava por vir.

Em uma tarde de domingo depois das férias, embora tudo estivesse no mesmo lugar, para mim pairava no ar algo diferente que me dizia que, de todas as formas, eu seria provado. Na primeira aula de Teologia, percebi que os companheiros, que haviam iniciado Filosofia comigo há três anos, não estavam mais ali. Alguns haviam desistido; outros, por terem curso superior, avançaram um ano. Alguns se casaram; outros foram expulsos; um perdeu toda a fé em Deus; e outro mudou de religião. Principalmente os que me provocavam, criticavam e me observavam em tudo, já estavam longe dali. No entanto, eu continuei. Talvez fosse o menos indicado para estar ali. Em certos momentos, também quis ir, mas uma força maior me segurava.

O professor explicou que Teologia era o estudo das questões referentes ao conhecimento da divindade, de seus atributos e relações com o mundo e com os homens. Em sentido cristão, estudo sobre Deus e sobre as coisas divinas à luz da Revelação; o estudo racional dos textos sagrados, dos dogmas e das tradições do Cristianismo. No decorrer do curso, entendi que Teologia era muito mais.

Ao final de quatro anos de estudos, trabalhos e reflexões, receberia uma ordem. No primeiro ano, a ordem do leitorado — oficialmente, leitor da Palavra de Deus. O estudante recebe a ordem diretamente das mãos do bispo, e isso é muito importante na comunidade. Quem não recebe é mal visto. No fim do segundo ano, recebe-se a ordem do acolitato. A função do acólito é auxiliar o diácono e o padre no altar, função essa desejada e esperada pelos estudantes de Teologia. Ao final do terceiro ano, o candidato a sacerdote recebe o diaconato e, então, chega à etapa final para o sacerdócio. Pode ministrar sacramentos do batismo e matrimônio e bênçãos em geral.

É uma grande graça na vida de qualquer um; porém, para receber essa ordem ou ministério, era preciso passar pelo conselho do seminário — grupo composto pelos padres formadores, pelo reitor e pelos professores. Todas as decisões na vida da comunidade são tomadas por esses senhores, que têm o poder de condenar e absolver. Coitado do estudante que não caísse em suas graças! Se pelo menos um deles questionasse as atitudes de determinado estudante, ele estaria em maus lençóis. E comigo eles foram implacáveis.

VIDA NO CONVENTO

No convento, aprende-se a rezar horas sem fim; no entanto, no seminário, já não se rezava mais com tanta frequência. As horas que eu ficava em frente ao Santíssimo foram diminuindo e aumentava a minha depressão. Logo naquela primeira semana, o inimigo, que nunca me deixava em paz, começou a investir com mais força: eu era rejeitado pelos colegas, professores e padres.

Nos finais de semana, fazíamos pastoral nas paróquias da arquidiocese, o que também era um desafio. Por qualquer deslize da parte do seminarista, o pároco ou seus paroquianos poderiam destruir a vida do futuro padre. Qualquer fofoca sem nenhum sentido era levada a sério. E o seminarista sempre é vítima de pessoas maldosas, sem sentimentos e, principalmente, sem temor a Deus.

O que mais me admirava e ainda me admira era a ânsia de destruir o outro. Nas provações dos colegas e nas minhas, eu pensava: "Por que essa maldade?" Pessoas que eram acostumadas com o mundo e seus absurdos não aceitavam que um seminarista fizesse qualquer coisa porque, para elas, era motivo de escândalo. E muitas dessas pessoas eram escandalizadas por elas mesmas. A falsidade, a inveja, a mentira e o orgulho são as armas principais que satanás tem para destruir os escolhidos de Deus.

Aquele primeiro ano passou muito rápido e, no final, recebi o leitorado, motivo de muita alegria para mim e tristeza para outros. No segundo ano de Teologia, os debates em sala de aula ficaram mais intensos, e eu era um dos imprudentes que "falava pelos cotovelos". Como dizia a professora de Sociologia, "a aula só começa quando o Moacir abre a boca"; e como eu sempre dava minha opinião, acolhia a ira dos desafetos. Nas aulas de Moral, era sempre um massacre; tanto o professor quanto os alunos me provocavam e depois contavam para os padres. Eles sempre sabiam tudo porque, além dos professores, os quarenta colegas de sala gostavam de ser "dedos-duros".

O AMOR E A SABEDORIA DE MINHA MÃE

Em se tratando de ira, meu pai, que se alegrara tanto com minha saída do convento dos franciscanos, ficou decepcionado com minha entrada no seminário! Ele não compreendia e, por isso, me atacava. Minha mãe também não compreendia, mas rezava. E como ela rezou! Um dia, em uma visita junto com meu pai, que reclamava dizendo: "De que adianta ter um filho que não serve para nada e nem ajuda em nada?", minha mãe, em sua simplicidade, disse a ele: "É bem verdade que, nesta vida, ele não pode nos ajudar; mas, quando eu estiver do outro lado da vida, longe do material, precisando somente do espiritual, certamente vou ter um filho que se lembrará de mim diante do altar do Senhor." Essa resposta chocou profundamente meu pai que, daí em diante, nunca mais abriu a boca para dizer alguma coisa. E agora, vivendo o final de seus dias, ele confia e espera que eu não me esqueça dele diante do altar do Senhor.

O segundo ano passou, o conselho aprovou meu pedido para o acolitato e foi com muita alegria que recebi o informe. Respirando fundo, eu disse: "Mais um ano e serei ordenado." Sempre nos era pedido para estarmos bem apresentados: bem-vestidos, sapatos limpos, bem penteados e barbeados. Conseguia manter sempre a boa aparência, fazia esporte e levantava às cinco horas da manhã para fazer caminhada. "Estou bem", pensava.

[CAPÍTULO 9]

SOFRIMENTO

No domingo, eu receberia, juntamente com alguns de meus colegas, o acolitato das mãos de dom Alberto Taveira Correia. Foi uma linda celebração. A Paróquia Maria Imaculada do Guará recebeu-nos com muita alegria. Dom Alberto fez uma de suas lindas homilias. Convidei minha família e algumas pessoas que sempre me ajudavam e acreditavam em minha vocação. Era uma manhã de felicidade, conquistas e vitória. Dom Alberto frisava: "Daqui a dois anos vocês serão os novos padres da Igreja do Senhor."

Quando recebi a Eucaristia, senti o peso daquela mão misteriosa e minha alma começou a tremer. Era como se eu estivesse lá, do outro lado da cruz. Após a celebração, recebi os parabéns, os presentes, os abraços de meus entes queridos. Mas tudo me sufocava cada vez mais. Quase não consegui comer o almoço que a comunidade ofereceu. Eu me preocupava com o que poderia acontecer no futuro. "Está tudo bem, estou nesta celebração. É a minha celebração!", afirmava para mim mesmo.

Uma voz dentro de mim dizia:

Meu filho, se entrares para o serviço de Deus, permanece firme na justiça e no temor e prepara a tua alma para a aprovação. Humilha teu coração, espera com paciência, ouve e acolhe as palavras de sabedoria. Não te perturbes no tempo da infelicidade, sofre as demoras de Deus, dedica-te a Deus e espera com paciência, a fim de que, no derradeiro momento, tua vida se enriqueça. Aceita tudo o que te acontecer. Na dor, permanece firme; na humilhação, tem paciência. Pois é pelo fogo que se experimentam o ouro e a prata; e os homens agradáveis a Deus, pelo caminho da humilhação. Põe tua confiança em Deus e Ele te salvará; orienta bem teu caminho e espera Nele. Conserva o temor Dele até na velhice.

Acabara de receber o acolitato e havia perdido toda a alegria. Estava rindo para meus irmãos e amigos, disfarçando minha dor. E essa voz em minha mente repetia a mesma ladainha, falando-me de sofrimento, dor e humilhação. Mais tarde, já no seminário, eu, com a Bíblia nas mãos, perguntava a Jesus Cristo: "Onde está essa palavra, aqui, na Sagrada Escritura, que eu não consigo encontrar?" A Bíblia se abriu em Eclesiástico 2, e lá estava escrito exatamente como eu tinha ouvido.

Na segunda-feira à tarde, começou um retiro com o término previsto para sexta-feira. Foi o pior retiro que já fiz! Eu não conseguia orar nem me concentrar; olhava para os colegas e pensava: "O que vai acontecer?" Então aconteceu. Na manhã de sexta-feira, o senhor reitor me chamou simplesmente para dizer: "Depois do retiro, arrume sua mala e vá embora." Eu não compreendi, e ele repetiu com doçura: "O conselho pede para você deixar o seminário o mais rápido possível!" Foi dizendo e foi saindo. "Por quê?" Simplesmente porque eu não agradava a alguns.

"Daquele encontro da cruz para esse dia já se passaram nove anos e o que eu ganhei?" Era como se eu estivesse diante do

▲ *Padre Moacir Anastácio prega para milhares de fiéis na Festa de Pentecostes, em 2011.*

▲ *Multidão de fiéis se reúne para a cerimônia da missa em Pentecostes, em 2012.*

▲ *Padre Moacir durante a leitura do Evangelho.*

▲ *Visão geral da multidão de fiéis em Pestecostes.*

▲ *Momento da Comunhão em Pestecostes.*

▼ *A adoração dos fiéis ao Santíssimo em Pentecostes 2012.*

▲ *Celebração da missa em Pentecostes.*

Vivendo na
efusão do
Espírito
Santo!

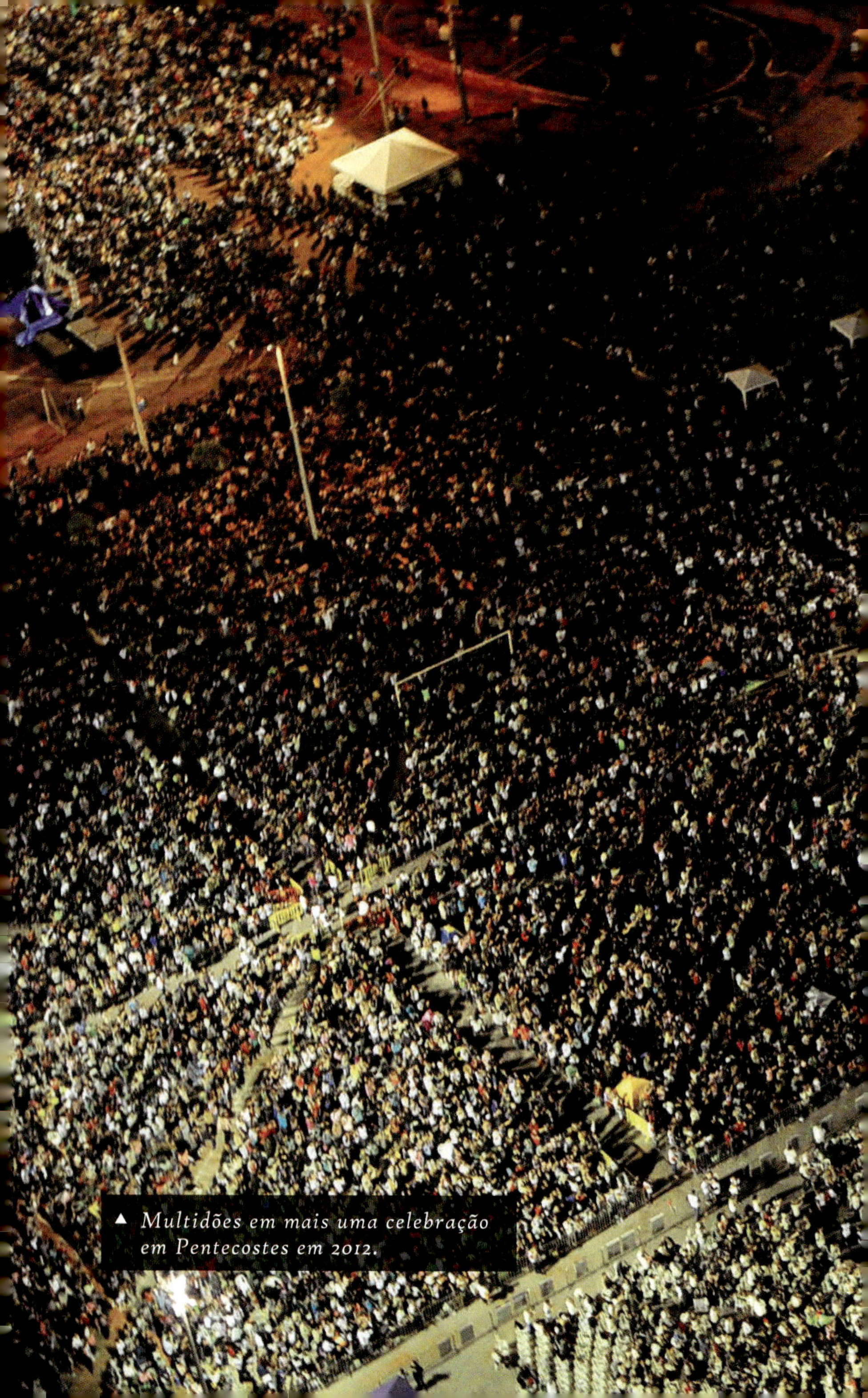

▲ *Multidões em mais uma celebração em Pentecostes em 2012.*

▲ *... do vinho.*

▲ *... da hóstia.*

▲ *... da vela de Pentecostes.*

▼ *Padre Moacir ajoelha-se e reza ao Santíssimo.*

▲ *Fiéis vivenciam "Cura e Libertação" em Pentecostes juntamente com Padre Moacir.*

▲ *"Quanto a mim, no entanto, que eu jamais venha a me orgulhar, a não ser na cruz de nosso Senhor Jesus Cristo, por intermédio da qual o mundo já foi crucificado para mim, e eu para o mundo."* (Gálatas 6.14)

olhar de meu pai dizendo: "Viu, eu estava certo!" Ou do jugo daquelas pessoas que me reprovaram, me questionaram e sempre me criticaram. Eu estava diante do inimigo que ria e dizia: "Eu venci!" Saindo da sala, encontrei alguns colegas cochichando. Parece que todos sabiam, como se eles estivessem atrás daquela porta para testemunhar minha derrota. Voltei para o seminário e apanhei as poucas coisas que tinha.

MINHA IRMÃ: GRANDE COMPANHEIRA

Procurei o apoio e o aconchego da casa de minha irmã. Ela, que me havia ajudado tantas vezes, que se alegrara com cada sucesso alcançado, estranhou minha chegada repentina. Encontrei ali o olhar de confiança e segurança que eu não havia encontrado naqueles que caminhavam comigo. No entanto, a dor era grande. Os sentimentos de derrota, de perda, de rejeição não me deixavam em paz. A depressão se apoderou de mim, eu estava arrasado, não sabia o caminho nem o rumo a seguir.

Minha irmã trabalhava fora, a filha estudava e eu ficava o dia inteiro dentro daquela casa, completamente esquecido. Eu sentia tanta vergonha que não tinha nem coragem de olhar para os vizinhos. Eu era o nada dentro do nada. Sem sonhos, sem esperanças, sem confiança, sem voz, sem vez. Até o ar que respirava me sufocava. Naquela véspera de Natal, eu era um ser derrotado.

PEDRA: NO MEIO DO CAMINHO?

Na manhã do dia 23 de dezembro, eu estava sozinho em casa, estava trancado e a casa estava escura. Ajoelhei-me e comecei a rezar. Na verdade, fui forçado a me ajoelhar para orar. Com o rosto no chão, eu gritava por alguém. Foi quando tive uma visão, uma linda visão que me levantou.

Eu me vi em uma estrada, como se fosse um corredor. Do lado direito, havia uma forte cerca de arame farpado; do lado esquerdo, havia outra cerca; e, à minha frente, uma pequena pedra começou a crescer tanto que tomou toda a estrada. Eu estava diante dessa pedra extremamente alta e só tinha duas opções: voltar ou tirar a pedra do caminho. Comecei a dizer para a pedra: "Em nome de Jesus Cristo, eu te ordeno, sai de meu caminho!" Eu dizia: "É no poder de Jesus Cristo que eu te ordeno, sai de meu caminho." Quando eu disse "Em nome de Jesus Cristo, eu vou passar", a pedra foi rachando e suas bandas foram-se afastando; passei entre elas, em nome do Senhor.

Quando essa visão acabou, meu rosto estava totalmente molhado por deliciosas lágrimas. Eu estava descansado; toda a tristeza, angústia, depressão e vergonha desapareceram. O Senhor me dizia: "Foi só uma pedra que cresceu em teu caminho, mas tu passaste. Continua tua caminhada." Eu estava completamente livre! Era tanta felicidade que eu pulava de alegria. Abri todas as janelas da casa e deixei a luz entrar. Saí e fui para a rua louvando ao Senhor por Sua misericórdia.

O VISITANTE

No final daquela tarde, recebi uma visita que me marcou profundamente; foi a melhor visita de toda a vida. Padre Giovane tinha acabado de receber o diaconato e foi procurar-me. Quando me encontrou, fui logo querendo abraçá-lo, até porque era o primeiro do seminário a visitar-me; mas ele avisou:

"Não me toque, estou indo à casa de um doente, estou levando o Santíssimo." Ou seja, ele estava ali com Jesus Cristo vivo e real, na Eucaristia.

Tremi e comecei a chorar, porque sabia que era o próprio Jesus Cristo que tinha vindo me visitar. Levamos o Senhor para uma sala. Eu estava tão alegre que não cabia naquele lugar. Um recém-ordenado ao diaconato, consagrado ao Senhor, foi instrumento de Jesus Cristo. Profetizou e ordenou o que eu deveria fazer. E o Cristo dizia: "Procura os bispos e compreenderás o que quero de ti." Naquele momento, o diácono foi instrumento de Deus para levar o Cristo Eucarístico até minha solidão. Mas, na verdade, ele nem sabia por que estava ali. Quando terminou a oração, fiz tudo como o Senhor mandou.

Dias depois, procurei o bispo dom Alberto Taveira, que me acolheu com um grande sorriso e um forte abraço, dizendo: "Eu já conheço sua história e o que lhe aconteceu. Estou pedindo ao reitor que nos dê uma explicação, que nos dê uma saída", e continuou: "Quem sabe, um ano de experiência em determinada comunidade? Isso vai ajudar-lhe, e você só tem a ganhar." Ganhar era tudo o que eu precisava porque, até ali, estava me sentindo um grande perdedor. Não havia nenhum motivo, pelo menos que eu soubesse, para eu ter sido punido com tanta dureza, sem a caridade daqueles que tinham o poder sobre um humilde seminarista que só queria fazer a vontade de Deus.

Na presença do bispo, eu me senti acolhido, amado, respeitado. Aquele era, certamente, o representante de Jesus Cristo. Como verdadeiro pastor, sabia reconhecer a fraqueza e a dignidade da ovelha perdida. Saí daquele encontro com um desafio: ficaria fora do seminário por um ano; passaria por essa experiência, seria acompanhado pelo bispo e pelo diretor espiritual e também seria vigiado pelo pároco da igreja para onde eu seria enviado. No final do ano, passaria por uma avaliação e, quem sabe, continuaria os estudos rumo ao sacerdócio.

Diante da proposta do senhor bispo, senti Jesus Cristo me dizer: "Não há o que temer, a pedra já foi removida, o caminho está livre, podes seguir porque eu estarei contigo." Então, respondi: "Eu vou." Até aquele momento, não sabia se o conselho do seminário aceitaria aquela proposta; mas eu estava disponível, seguiria até o fim. Três dias depois, recebi pelo correio uma carta que dizia: "Aceitamos a proposta do senhor bispo. Você vai para a experiência na cidade de Sobradinho, na Paróquia Nossa Senhora de Fátima." E informaram sobre as normas que eu deveria seguir. No final do mês de janeiro, arrumei as malas e segui para a missão. Nem imaginava o ano de pedra que eu iria enfrentar.

NA PARÓQUIA NOSSA SENHORA DE FÁTIMA

Quando entrei naquela cidade, já bem conhecida para mim, eu disse a Jesus Cristo: "Senhor, estou aqui; não sei o que vai me acontecer. Não tenho nada para oferecer a esta comunidade. Sei que, mesmo aqui, precisarei de Tua ajuda, Tua graça, Tua misericórdia, Tua compreensão. Faz-me forte diante dos fortes, faz-me fraco com os fracos e companheiro dos humildes. Renova em mim o Teu Espírito, a confiança e a esperança; que eu seja prudente diante dos escarnecedores, que a minha língua não seja motivo de queda, mas de erguimento. Renova minha fé a cada minuto nesta cidade".

Fui recebido com certo entusiasmo; mas logo percebi que a comunidade estava passando por mudanças. Moraria em um quarto grande demais para mim, onde havia quatro camas enfileiradas e uma mesa bem antiga, um banheiro bem diferente e um guarda-roupa que, por suas portas, anunciava que já estava ali há muitos anos.

Eu não imaginava que aquele quarto, com seus móveis, seria testemunha das noites sem fim, da dúvida, das dores e da solidão. Solidão essa que esteve presente durante todo aquele ano. Eu estava acostumado a ter toda uma programação: cinco a seis aulas por dia, todo o dia preenchido por estudos, tarefas, esporte, oração, além da companhia de 120 seminaristas e meia dúzia de padres. Estava sozinho em um mundo que não era o meu; não sabia que estar sempre sozinho era parte da vida de um padre diocesano. Cabia a mim, como candidato ao seminário, não vacilar, não me desviar e não desistir. Mas logo percebi que minha espiritualidade, alvo de tantas discussões por onde eu havia passado, chocaria muitas pessoas.

Eu falava de um Deus que cura, liberta, renova e transforma. Falava dos dons: orar em línguas, profecia, dom de visão, dom de ciência e dom de cura. Enfim, eu era carismático e, para muitas pessoas, o carismático não era bem-vindo. Eu pregava os Atos dos Apóstolos e gostava da experiência das primeiras comunidades. Na noite do primeiro domingo, não compreendi por que o padre me pediu para pregar. Lembro que tremi, fiquei angustiado e não me senti preparado; mas o senhor padre havia me pedido, eu não podia negar.

"AMAS-ME?"

Diante da comunidade, um pouco chocada com minha maneira de falar, eu repeti as palavras de São Pedro, que depois de Pentecostes foi colocado à prova pelo Senhor. Narram os

Atos dos Apóstolos, no capítulo 3, que Pedro e João subiam ao templo para rezar na hora nona, quando perceberam que levavam um homem coxo de nascença, que todos os dias estava na porta Formosa do templo para pedir esmolas. Pedir esmolas era a profissão daquele coxo, era dali que ele tirava o sustento e matava a fome; também provava a caridade e a fé dos que oravam. Quando viu Pedro e João entrando no templo, o coxo não teve dúvidas: "Vou receber uma esmola.", pensou.

Pedro era o discípulo que Jesus havia escolhido para ser o superior de todos. Era Pedro que tinha recebido a responsabilidade dada por Jesus Cristo, à beira do lago de Tiberíades, de apascentar Suas ovelhas. Jesus tinha olhado profundamente nos olhos de Pedro e lhe perguntado: "Amas-me?" (João 21,17). Jesus fez-lhe essa pergunta por três vezes porque — como predissera — ele o negara por três vezes. E, no dia em que o Senhor o encontrou no lago de Tiberíades, Pedro tinha convidado seus companheiros para pescar, dizendo: "Vou pescar." Isto é, ele desejava voltar à velha vida de pescador e ainda convidava os outros. E, nessa barca vazia, Jesus o encontrou, assim como na primeira vez em que Pedro havia fracassado como pescador. Tinha trabalhado a noite inteira e nada apanhou. Foi quando o Senhor apareceu para lhe pedir a barca emprestada e, depois daquela pregação, disse-lhe: "Lançai as vossas redes para águas mais profundas". E no final daquela gloriosa pescaria, Jesus lhe disse: "De agora em diante serás pescador de homens".

Algum tempo depois, Jesus diria para Pedro:

> "Tu és Pedro e sobre esta pedra edificarei a minha Igreja e as portas do inferno não prevalecerão contra ela. Eu te darei as chaves do Reino dos Céus e tudo o que ligares na terra será ligado nos céus e tudo que desligares na terra será desligado nos céus." (Mateus 16,18-19)

Jesus, já ressuscitado, apareceu no lago de Tiberíades e perguntou-lhes: "Tendes acaso alguma coisa para comer?" (João 21,5) A resposta foi a mesma de três anos atrás: "não"! Mas como Jesus havia dito: "Sem mim nada podeis fazer" (João 15,5). Eles estavam com a barca vazia, e o Senhor disse: "Lançai a rede para o lado direito e achareis" (João 21,6). Você já conhece o resultado dessa pescaria; a rede se encheu com 153 peixes grandes.

João, o discípulo amado do Senhor, logo foi dizendo: "É o Senhor" (João 21,7). Deu um grande susto em Pedro, que pulou na água porque estava nu. Foi sua nudez espiritual que fez com que ele negasse Jesus Cristo; foi a cegueira que o trouxe de volta ao lago de Tiberíades. Estar nu, na Sagrada Escritura, era estar sem a graça. Adão havia-se escondido de Deus porque também estava nu.

Pedro e João estavam diante do coxo. João, que havia recebido do Senhor a maior missão de todos os apóstolos, cuidar do grande e único bem de Jesus Cristo, sua mãe, quando Ele lhe dissera do alto da cruz: "Eis aí tua mãe" (João 19,27) e "Mulher, eis aí teu filho" (João 19,26)! Só para o discípulo amado Jesus entregaria a mãe. É João, autor do último livro da Sagrada Escritura, um dos mais belos, quem sustenta as comunidades depois da morte dos apóstolos. Mas eles estão ali, diante do coxo que só quer uma esmola, um pedaço de pão e, quem sabe, uma pequena moeda. Nada que mudasse sua vida. Ele aceitaria qualquer coisa.

Depois da ressurreição, Jesus havia dito para eles:

> "Ide por todo o mundo, pregai o Evangelho a toda criatura. Quem crer e for batizado será salvo, mas quem não crer será condenado. Estes milagres acompanharão os que crerem: expulsarão os demônios em meu nome, falarão novas línguas,

manusearão serpentes e, se beberem algum veneno mortal, não lhes fará mal; imporão as mãos aos enfermos e eles ficarão curados" (Marcos 16,15-18).

Marcos narrou no capítulo 16 que, em uma das aparições, Jesus havia censurado a incredulidade e a dureza de coração daqueles que não acreditaram nos que O tinham visto ressuscitado (Marcos 16,14). O coxo esperava, Pedro e João olhavam para ele. Dias antes, eles viveram a maior experiência do poder de Deus: a efusão no Espírito Santo.

O ESPÍRITO SANTO

Eles estavam trancados naquela mesma sala em que Jesus celebrou a última ceia. Segundo os historiadores, trancados com medo dos judeus. Diz a Palavra que o Espírito Santo desceu em forma de línguas de fogo, que se repartiram e repousaram sobre cada um deles (Atos dos Apóstolos 2,3). Ficaram todos cheios do Espírito Santo e começaram a falar em outras línguas, conforme o Espírito lhes concedia que falassem.

O que aconteceu naquela manhã de Pentecostes, oito dias depois da Ascensão do Senhor, ainda é, para nós, um grande mistério. Aqueles homens que ficaram traumatizados com a paixão e morte de Jesus Cristo, mesmo tendo-O visto ressuscitado, comendo e bebendo com eles, tinham medo dos judeus. Seria a doença do pânico? Seria uma depressão coletiva? No momento da Sua ascensão, o Senhor disse: "Descerá sobre vós o Espírito Santo e vos dará força; e sereis minhas testemunhas em Jerusalém, em toda a Judeia e Samaria e até os confins do mundo" (Atos dos Apóstolos 1,8).

O milagre de Pentecostes os havia libertado, curado e renovado. Eles ficaram cheios do Espírito Santo e, naquela mesma hora, as portas se abriram e eles foram às ruas dizer para os Judeus: "É no nome de Jesus Cristo, aquele que vocês mataram, crucificaram e que Deus ressuscitou dos mortos, que nós não estamos embriagados, mas cheios do Espírito Santo" (Atos dos Apóstolos 2). É a realização da profecia de Joel, que diz:

> "Derramarei de meu Espírito sobre todo ser vivo: profetizarão os vossos filhos e vossas filhas. Os vossos jovens terão visões e os vossos anciãos sonharão. Sobre meus servos e sobre minhas servas derramarei naqueles dias de meu Espírito e profetizarão. Farei aparecer prodígios em cima, no céu, e milagres embaixo, na terra: sangue, fogo e vapor de fumaça. O sol se converterá em trevas e a lua em sangue, antes que venha o grande e glorioso dia do Senhor. E, então, todo o que invocar o nome do Senhor será salvo" (Joel 3,1-5).

Esse foi o primeiro discurso de Pedro, que agora sem nenhum medo, sem nenhum trauma, completamente livre, anunciava Jesus Cristo como Senhor e Salvador; o único que pode salvar, curar e libertar.

Mas o coxo continuava esperando uma esmola. Pedro e João sabiam que nada do que eles poderiam dar-lhe de material mudaria sua vida. Então Pedro declarou, e o milagre aconteceu:

> "'Não tenho nem ouro nem prata, mas o que tenho, eu te dou: em nome de Jesus Cristo Nazareno, levanta-te e anda!' E, tomando-o pela mão direita, levantou-o. Imediatamente

> os pés e os tornozelos se lhe firmaram. De um salto, pôs-se de pé e andava.
>
> Entrou com eles no templo, caminhando, saltando e louvando a Deus. Todo o povo o viu andar e louvar a Deus. Reconheceram ser o mesmo coxo que se sentava para mendigar à porta Formosa do templo. Ficaram pasmos pelo que lhe tinha acontecido (Atos dos Apóstolos 3,6-10).
>
> [...]
>
> Matastes o Príncipe da vida, mas Deus o ressuscitou dentre os mortos: disso nós somos testemunhas. [...] Em virtude da fé em seu nome foi que esse mesmo nome consolidou este homem [...] sei que o fizestes por ignorância, como também os vossos chefes" (Atos dos Apóstolos 3,15-17).

Eu também pensava, por ignorância, por falta de fé, por não aceitar a graça do Cristo, que Seus milagres não aconteciam em nossos dias. Os apóstolos conquistaram não só Israel, mas todos os lugares por onde passaram por meio de milagres, curas, libertações e ressuscitando os mortos no nome de Jesus Cristo. E, assim, Pedro e João fizeram o primeiro milagre, em nome do Senhor.

Naquela noite, eu também esperava um milagre: ficar um ano naquela comunidade e voltar para o seminário. Olhando a assembleia, eu disse: "Não tenho nem ouro nem prata para vos dar, mas o que tenho vos dou, Jesus Cristo, vivo e ressuscitado, Senhor absoluto da vida e da história. Aquele que escolhe os fracos para confundir os fortes, tira o pobrezinho do monturo para sentar no banquete com os nobres. Levanta e anda!"

Devo ter falado mais algumas coisas porque, logo depois, alguns me disseram: "Tenha cuidado", "veja suas palavras", "preste atenção", "olhe onde pisa". E, como geralmente é a primeira impressão que fica, fiquei marcado. Por mais que me esforçasse, não ganhei a simpatia de todos.

Mas aqueles que queriam conhecer Jesus Cristo me confortaram, ajudaram-me e até me seguraram nos momentos mais difíceis. Na zona rural, no meio dos pobres, dos sofredores e dos abandonados, encontrei a maior alegria. No fim daquele ano, foi feito um relatório pelo pároco daquela comunidade, outro por mim e, ainda, por mais meia dúzia de pessoas, cujo conteúdo jamais conheci.

Então recebi uma correspondência do conselho do seminário dizendo que eu seria bem-vindo para recomeçar os estudos rumo ao sacerdócio. Aquela correspondência entrou em meu coração, trazendo-me muita alegria e conforto para a alma. Venci um ano de tribulação, angústia e provação; então eu poderia voltar. O que aquela experiência havia mudado em minha vida ou me ajudado, até hoje não sei. Para que serviu? Talvez para provar que Deus é mais e que nossos projetos não são os de Deus. Em tudo, porém, sou agradecido, pois minha fé cresceu.

[CAPÍTULO 10]

BATENDO DE FRENTE COM O INIMIGO

Em janeiro de 1994, voltava para o seminário de Nossa Senhora de Fátima e sabia que meus companheiros de turma tinham passado um ano à minha frente, preparando-se para o diaconato. Eu entraria em outra turma e com eles faria os últimos dois anos de Teologia.

Durante o terceiro ano de Teologia fui vigiado, criticado e rejeitado. No primeiro final de semana, mandaram-me fazer pastoral na Ceilândia. Quando me disseram qual seria a paróquia e o pároco, pulei de alegria. Era uma ótima comunidade; o padre era muito humano, muito amigo dos seminaristas. Meus colegas, ao saberem que eu ia para lá, vieram parabenizar-me e alguns até disseram: "Por que não fui eu? Veja para onde estou indo!"

A pastoral era obrigatória para todos os seminaristas. Geralmente, duas vezes por ano, o padre que recebia o seminarista fazia um relatório que poderia ajudar muito na decisão do conselho. Quando voltei para o seminário no domingo, estava tão feliz que quase não consegui dormir. Eu dizia para mim:

"Agora estou bem! Fui aceito de novo, isso é um grande sinal. Sou o único dos seminaristas a ter feito uma experiência durante um ano fora deste seminário; meu currículo agora é bom! Estou fazendo pastoral em um lugar do qual gosto, com um padre de quem gosto; então está tudo bem!" Só faltava dizer como aquele homem do Evangelho, "meus celeiros estão cheios, tenho em fartura, posso dizer à minha alma: descansa em paz, tudo agora é favorável" (Lucas 12,16-19). Mas Deus lhe disse: "Insensato! Nesta noite ainda exigirão de ti a tua alma. E as coisas, que ajuntaste, de quem serão?" (Lucas 16,20).

Na segunda-feira, às seis horas da manhã, eu já estava na capela esperando pela missa que começaria às 6h30. Agradecia ao Senhor e dizia: "Obrigado por tudo, principalmente pela comunidade em que estou fazendo pastoral." Mas ouvi novamente a voz, que me disse: "Não é lá que te quero. Vou te mandar para uma cidade onde ainda não sou o Senhor." Tomei um grande susto, aquela voz já era bem conhecida. E, sem saber o que dizer, respondi: "Senhor, estou em Brasília, capital do Espírito Santo, e você é o Senhor desta cidade. Aqui, quem não é católico é evangélico. O Brasil é o maior país católico do mundo. Há 125 milhões de católicos batizados em Teu nome, crismados, uma nação santa."

A voz não retrucou. Fiquei em silêncio. A missa começou e, em seu decorrer, senti que tudo era maravilhoso. Na hora da comunhão, foi um encontro maravilhoso. Senti-me amado e protegido. Naquela segunda-feira, tudo correu maravilhosamente bem e, por mais que eu tentasse me enganar, meu coração batia em um mesmo compasso: "Eu não sou o Senhor daquela cidade." Eu contava as cidades-satélites nos dedos e dizia: "Ele é o Senhor de todas."

Sexta-feira pela manhã, eu estava tão angustiado que quase não me levantava da cama. Por volta do meio-dia, o padre responsável pelas pastorais me chamou, abraçou-me, olhou para mim sorrindo e disse: "Você está muito bem. Como foi o final de semana em sua pastoral?" Com entusiasmo, eu narrei toda a esperança na pastoral que estava fazendo em Ceilândia. Ele escutou e disse: "Estou transferindo você para a cidade de Planaltina." Foi abrindo a porta e despedindo-se de mim.

EM PLANALTINA

Planaltina era a cidade mais distante do seminário. Quatro ônibus, dois para ir e dois para voltar. "Jesus Cristo é o Senhor daquela cidade, temos a festa do Divino, que é a maior da região", pensei. Geralmente, a cidade se enfeita, existe uma grande disputa para saber quem será rei, imperador, imperatriz, folião da rua, mordomo da bandeira, juiz da missa, mordomo do mastro, mordomo da fogueira, mordomo da praça, mordomo das barracas... Realmente é uma grande festa; mas, infelizmente, em muitos lugares, transforma-se em uma festa pagã, com muita bebida, comida e até dança. Os cavalos são os que mais sofrem. Muitas vezes, as disputas entre os membros acabam em briga, e o Espírito Santo fica de lado.

Também há uma via-sacra, uma das maiores do País, emocionante e com uma grande estrutura. Depois, descobri que um espírito de orgulho paira sobre seus membros, que infelizmente não conseguem ressuscitar com Jesus Cristo. Muitas vezes é só uma fachada de muitos católicos.

Mas existia uma coisa boa na minha ida para Planaltina; eu seria acompanhado pelo então padre Roberto Carlos Rambo, aquele que me recebera com tanta alegria quando cheguei ao seminário. Como já tinha curso superior, adiantou um ano; e, com aquele ano de experiência que fiz na zona rural de Sobradinho, ele passou dois anos à minha frente. Com esse sentimento, naquela manhã de sábado, eu me dirigi para lá dizendo em meu coração: "De Planaltina, Jesus Cristo é o Senhor."

JESUS CRISTO AINDA NÃO É O SENHOR

De novo fui recebido com alegria, mas agora ele era pároco e eu, simplesmente um seminarista. Pela experiência que tive, sabia que havia certa desconfiança. Fui dizendo: "Padre, mandaram-me trabalhar com o senhor." Ele sorriu e disse: "Sim, você veio trabalhar comigo. Será meu subordinado; mas estou lhe entregando a cidade do Vale do Amanhecer, para que a evangelize." Esse era o combinado.

"Vale do Amanhecer". Essas palavras entraram em minha mente destruindo meus pensamentos, e eu lhe disse sem querer acreditar:

— Esse vale não é uma cidade espírita, onde Jesus Cristo não é o Senhor?

— Não é assim... Amanhã você verá! Leve o Santíssimo e vá para o colégio que fica de frente para o vale e faça a celebração da palavra.

No domingo, cheguei ao colégio e fui recebido por meia dúzia de pessoas que moravam em chácaras perto dali. Naquele dia, coincidência ou não, o guarda me disse: "Não tenho ordem para abrir o colégio para você, se quiser, fique aí fora." E aquelas poucas pessoas me disseram: "O senhor pode voltar para casa; e essa celebração fica para depois. Aqui é assim mesmo; ele é espírita e não gosta muito de nós."

Mas eu estava ali com o Santíssimo em uma das mãos e a Bíblia na outra. Então, eu disse ao guarda: "Não é preciso abrir o colégio para mim; deixe-me celebrar na sombra do colégio e ficarei feliz!" Ele murmurou, xingou-me, amaldiçoou-me e, por fim, me disse: "Por poucos minutos você pode ficar!" Então, na sombra do colégio, em frente ao Vale do Amanhecer, eu me reuni, agora com menos gente, talvez três pessoas, porque o restante havia ido embora.

Naquele momento, um filme passou por minha mente. Foi naquela cidade que meu irmão havia se perdido. Há três anos, meu pai o encontrara em uma situação horrível e agora eu estava ali, no "Vale do Amanhecer" que, para mim, era o vale da escuridão. Era uma pequena cidade, com 17 mil habitantes, todos espíritas. O Vale do Amanhecer tinha sido fundado por tia Neiva, uma senhora caminhoneira, que, de acordo com a lenda, fundara aquela cidade cumprindo uma ordem misteriosa. Construiu templos e imagens que recebiam espíritos vindos de um planeta, segundo ela, chamado "Capela".

Quando cheguei por ali, alguém logo me disse: "Nesta cidade só tem espírita. É proibido outra pessoa que não seja espírita morar aí." Eu sabia que o espiritismo não é de Deus. Sabia que é um projeto satânico para destruir a doutrina da ressurreição, uma vez que o espiritismo prega a reencarnação. Eu sabia que não só esses 17 mil filhos de Deus estavam sendo escravos de satanás, mas outros milhares e milhares que moravam em Brasília e no entorno, dirigiam-se para aquela cidade, principalmente aos domingos e nos dias de culto satânico. Pensei: "Por que fui mandado para cá? Certamente não foi pelos homens.", "Eu te envio para uma cidade na qual não sou o Senhor", continuava martelando em minha mente.

Com toda a miséria, pecado e escuridão, naquela cidade, Jesus Cristo não era o Senhor. O peso de estar ali e a emoção do momento encheram-me de um sentimento de pena e de raiva. Tomei uma decisão: eu não poderia desistir. Eu estava ali em nome de Jesus Cristo e não voltaria atrás. "Cairão mil homens à minha esquerda e dez mil à minha direita, e eu não serei atingido" (Salmos 90,7).

Olhando para a cidade, levantei o Santíssimo e disse:

> "Vale da escuridão, de agora em diante, Jesus Cristo entrará nesta cidade e todo o mal vai prostrar-se diante Dele. Eu entrarei em tuas ruas, em tuas esquinas, em tuas casas e falarei de Jesus Cristo como o Redentor, o Salvador, o Senhor, o único que é digno de todo o louvor, de toda a honra, de toda a glória. É no nome do Senhor que eu te ordeno, satanás, autor da morte, autor da doença, autor do mal, que saia desta cidade, em nome de Jesus Cristo. Nesta manhã, satanás, o Senhor chegou e vai ficar! Então, eu te digo, sai daqui porque, de agora em diante, eu consagro esta cidade ao coração de Jesus Cristo."

Quando terminei a oração, as pessoas que estavam comigo tremiam, suavam; e o guarda que me olhava de longe estava com o semblante completamente diferente e disse: "Durante muitos anos eu fui católico e nunca encontrei ninguém para me dizer que Jesus Cristo queria me salvar! Foi por isso que eu vim para esta cidade e fiquei escravo de toda esta maldição de que o senhor falou hoje!" Senti tanta alegria no guarda, que até pensei que ele fosse me beijar.

Voltei para casa cantando bem alto dentro do ônibus. As pessoas me olhavam, talvez pensando: "Que louco é esse?"; porque eu cantava, chorava e recomeçava dizendo assim:

Me chamaste para caminhar na vida contigo
Decidi para sempre seguir-te, não voltar atrás
Me puseste uma brasa no peito e uma flecha na alma
É difícil agora viver sem lembrar-me de ti
Te amarei, Senhor, te amarei, Senhor
Eu só encontro a paz e a alegria bem perto de ti
Ó, Jesus, não me deixes jamais caminhar solitário
Pois conheces a minha fraqueza e o meu coração
Vem ajudar-me a viver a vida na tua presença
No amor dos irmãos, na alegria, na paz, na união[1]

E o cantar, que nunca foi meu forte, tornou-se a arma mais poderosa que eu tinha contra o inimigo.

Depois que contei ao padre o que acontecera, ele ordenou: "Você vai diretamente para o colégio aos domingos, fica esperando o povo chegar, faça sua celebração e volte para casa." Aquela ideia de ficar lá no colégio esperando o povo vir a meu encontro não me agradou e deixou-me muito triste e decepcionado. Fui para o Santíssimo e disse para Jesus Cristo: "Senhor, não foi para isso que me colocaste aqui! Não vou obedecer a este padre! Faz com que ele me esqueça dentro do Vale do Amanhecer! Faz, Senhor, com que todos os outros que têm autoridade sobre mim me esqueçam neste lugar, para que eu possa ter tempo de Te anunciar e para libertar Teus amados filhos!"

O Senhor atendeu a minhas preces e, durante dois anos, não fui incomodado por ninguém; não fui transferido e nem o padre Rambo colocou obstáculo algum. Ao contrário, oito dias depois, ele me disse: "O Vale é seu! Faça o que você quiser e puder!"

1- Padre Zezinho. *Te amarei, Senhor.*

No segundo final de semana, em uma tarde de sábado, eu já estava lá, andando pelas ruas, falando com o povo, com a Bíblia embaixo do braço, batendo de porta em porta e perguntando: "Você foi católico? Você foi batizado? Você foi crismado? Por que se tornou espírita?" Eu andava e perguntava: "Moço, senhora, vocês foram católicos?" Todos me diziam: "Sim! Eu fui, mas não sou mais!" Então eu falava com a autoridade de Jesus Cristo: "Eu vos ordeno, abri vossos olhos e vossos ouvidos! Eu vos anuncio: o espiritismo é obra do diabo e vós sois escravos da mentira e da falsidade! Em nome de Jesus Cristo e pela intercessão de Nossa Senhora, reconhecei essa verdade! Vós tende que renunciar e aceitar Jesus Cristo como Senhor e Salvador!"

Fui xingado, amaldiçoado e ameaçado; mas eu continuava reunindo o povo, falando de Deus e conhecendo pessoas maravilhosas. Em uma reunião de sábado, anunciei: "Tenho uma ideia! Vamos comprar um terreno! Vamos construir uma capela!" Todos gostaram do plano. "Eu vou construir uma capela, mas dentro do Vale do Amanhecer!" Eles gritaram com espanto: "Dentro do Vale? Você está louco!" Eu pensei: "É tudo o que eles pensam de mim!"

No seminário, no convento, eles também pensavam assim. Meu pai sempre dizia: "Ficou louco?" Muitas pessoas diziam: "Ele é louco!" Então resolvi confirmar: "É mesmo, eu sou louco, completamente louco, louco por Jesus Cristo! E vou deixar esta cidade louca pelo Senhor!" E fizeram então a pergunta derradeira: "Com que dinheiro?". "Eu não tenho dinheiro, e a população também não", pensei.

Um senhor se levantou e disse: "Eu posso dar um bezerro." Eu respondi: "Ótimo! Então vamos chamar esse bezerro de boi. Vamos fazer um grande bingo e, com esse dinheiro, vamos comprar um lote." Animei a todos e, na semana seguinte, já estávamos nas ruas vendendo o bingo de um "grande boi". Oito dias depois, o senhor que havia me dado o bezerro me chamou de lado e disse: "Você não está falando a verdade, você está mentindo e colocando as pessoas para mentir!" Eu lhe disse: "Amigo, o senhor me deu um bezerro, e eu sei que é um bezerro; mas, na minha fé, eu sei que esse bezerro é filho de boi e daqui a mais um ano ele será um grande boi. É só conversar com quem ganhar; ele vai se tornar um grande boi. Já estou vendendo o futuro boi. Diante de meu Deus, tudo cresce, tudo se multiplica e o pequeno se torna grande!"

Aquele senhor gostou tanto da explicação que me pediu perdão por sua falta de fé; e ele mesmo saiu vendendo e anunciando o bingo de um grande boi. Entrava nos bares, nas casas, nas ruas e até no templo espírita vendendo o bingo. No dia marcado, tinha tanta gente que na esquina onde gritei o bingo não cabiam as pessoas. E, por inocência, anunciei que iria comprar um lote e construir uma capela dedicada a Nossa Senhora Aparecida. Essa notícia provocou a ira de satanás. Naquela tarde, tive de fugir do Vale do Amanhecer porque houve um grande tumulto.

Oito dias depois, com o dinheiro nas mãos, saímos à procura de um lote. Para minha decepção, ninguém queria vender nada para nós; no entanto, por graça de Deus, alguém nos vendeu um lote em um local muito bom; e, exatamente um ano após a minha chegada, coloquei uma cruz dentro do Vale do Amanhecer. Construímos uma capela dedicada a Nossa Senhora Aparecida e vi, em cada celebração, o poder de Deus agindo. Diante do altar, as pessoas renunciavam ao espiritismo e a satanás e a festa começava. Sábado à tarde, fazíamos adoração. À noite, grupo de oração. Aos domingos, era a manhã inteira, começando com celebração da Palavra e oração pelas pessoas. E assim a comunidade crescia.

Nos dois anos em que fiquei lá, vi o Senhor realizar curas, libertar e vi graças e mais graças acontecerem na vida de todos. Minha primeira missa foi celebrada nessa comunidade, em um domingo à tarde, e uma multidão louvava, cantava, chorava e agradecia. Tudo aquilo era a maior alegria de minha vida.

PADRE INCONSEQUENTE?

Aquele terceiro ano de Teologia estava passando muito rápido. No segundo semestre, o reitor avisou: "Chegou a hora de vocês pedirem o diaconato!" Essa boa notícia me encheu de esperança. Segundo o reitor, era só pedir. Ele mesmo dizia: "Parabéns! Vamos em frente!" Esse reitor era um homem muito sério, firme em suas convicções e só havia dois anos que estava na reitoria daquele seminário. Padre Jorge Humberto Pacheco Rojas substituía padre Nelson, meu antigo reitor, que me mandara para aquela experiência.

Lembro-me ainda do dia em que padre Nelson me disse: "Estou mandando você embora desta comunidade." Quando lhe perguntei o motivo, ele ficou calado, depois pensou e disse: "Eu acho que você fala demais!" No entanto, eu sabia que não era somente isso. Por eu ter me formado às pressas, se eu abrisse a boca ou ficasse com ela fechada, daria no mesmo. Além disso, minha origem nordestina e pobre causava certa rejeição.

Padre Nelson era de família bem-sucedida, com vários irmãos padres e uma boa formação. Era um homem de bom coração. Acho que eu o colocava "entre a cruz e a espada" a todo o tempo. Muitas vezes as pessoas são obrigadas a tomar certas decisões porque podem lhes custar muito caro decidir diferente.

Cinco anos depois desse dia, reencontrei padre Nelson na catedral de Brasília, em uma celebração; e, sentado ao lado, fez-me uma pergunta: "Padre, você continua dinâmico, entusiasmado e inconsequente?" Eu respondi a sua pergunta fazendo outra: "Era isso que o senhor pensava?" Dei um forte abraço nele e nunca mais encontrei aquele colombiano tão cheio de simpatia.

Estava então nas mãos do padre Pacheco que, com sua sinceridade, poderia aceitar-me de volta ao seminário ou rejeitar-me. Ele olhava e dizia: "Está tudo bem! Escolha as pessoas que escreverão o informe a seu respeito." E assim foi feito. Escolhi a dedo três nomes de minha inteira confiança, os quais haviam convivido comigo, alguns chorado comigo e até sofrido no decorrer da caminhada. Eles sempre me diziam: "Se precisar de alguma coisa, é só me procurar."

Eu sabia que nada poderia dar errado. Qualquer deslize e os meus 11 anos de caminhada, sofrimento e dor iriam por água abaixo. Entreguei os nomes, fiz o pedido por escrito e fiquei esperando o resultado.

[CAPÍTULO 11]

ORDENAÇÃO DIACONAL?

Todos os colegas não falavam de outra coisa a não ser do dia do diaconato. Agendavam as ordenações com o bispo, faziam os convites e distribuíam-nos a todos, tentando levar o maior número de pessoas possível para a celebração. Geralmente, depois da celebração, havia um grande jantar, em que recebiam os parabéns, os presentes e todos seriam felizes.

Os dias se passavam, e todos nós esperávamos com muita ansiedade o resultado. A cada quarta-feira à tarde, a porta do conselho se fechava. O conselho era formado por sete ou oito padres que decidiam o futuro de cada candidato ao sacerdócio. Para ser rejeitado, teria de ser por algo muito sério. No final do mês de outubro, o silêncio pairava no seminário.

Meus primeiros colegas estavam sendo ordenados sacerdotes, e a minha turma atual esperava o diaconato. No início de novembro, chamaram um a um para receber os parabéns e entregar o informe. A alegria reinava. Muitos já tinham sido chamados, menos eu. Os amigos diziam "E você, não vão chamá-lo? O que aconteceu?" Muitas vezes, sem resposta, eu dizia: "É só uma questão de tempo!" Para os que me perguntavam com ironia, dizia: "Pergunte aos padres, ao reitor, ou vá perguntar para quem você quiser, porque eu não sei."

Depois fiquei sabendo que aqueles que vinham me questionar já conheciam o resultado de meu pedido. Perguntavam para saber o que eu pensava e, até, para levar minhas respostas aos padres; enfim, era mais uma das ciladas que o inimigo sempre armava. Eu sentia na pele a pressão de satanás, que fazia de tudo para me tirar do caminho, colocando pessoas e situações para me causar desânimo.

Com o passar dos dias, eu fiquei cada vez mais solitário. O sono já havia fugido, a preocupação aumentava, o final do ano se aproximava e as provas finais do terceiro ano de Teologia foram massacrantes. Eu via meus amigos sempre muito felizes no esporte, no recreio e nas rodas. Ninguém falava de outra coisa a não ser da liturgia da celebração, dos convites, das roupas. Deveria estar tudo pronto para a noite de núpcias.

Enfim me chamaram à reitoria. Enquanto eu subia a escada, eu pensava: "Já sei, não deu certo! Ou deu certo?" O reitor me olhou e deu a notícia: "Você não foi aprovado. De todos os padres votantes, você não teve nenhum voto a favor." Naquele momento, eu senti o chão afundar. Eu tinha vivido essa experiência há sete anos, quando fui mandado embora do convento. Mais sete anos de minha vida foram gastos ali; eu já não mais tinha juventude ou esperança. Aquele ano era definitivo em minha vida. Sem o diaconato, eu jamais seria padre. É a ultima etapa antes do sacerdócio. O reitor me olhava e dizia: "Você não foi aprovado." Eu ainda tentei saber o porquê, mas ele me disse: "É de foro íntimo, não dá. Não sei o que você vai decidir; mas, se quiser, poderá ficar aqui e terminar o curso de Teologia."

Voltei para meu quarto, antes passei em frente à capela e não quis entrar. Sabia que Deus estava lá, no Santíssimo; mas, naquele momento, eu não tinha ânimo nem coragem para enfrentá-Lo. Entrei no quarto, acendi a luz, deitei-me, coloquei as mãos sobre a cabeça e senti o peso do fracasso. Fui sentindo a cama descer, batendo nas barreiras lentamente; percebi claramente quando ela parou no fundo do abismo. Eu estava no abismo.

"Voltar para terminar o quarto ano de Teologia e sair daqui com dois cursos superiores, sem ser ordenado padre, não valerá de nada! Sair desta arquidiocese e ir para outra diocese, não tem sentido. E qual seria o bispo que acolheria em sua diocese um seminarista que havia terminado todos os estudos e não tinha sido ordenado? Ele poderia até aceitar, mas faria uma longa pesquisa, escutaria os bispos e, principalmente, meus formadores. E se meus formadores haviam me negado a graça do diaconato, por que aconselhariam outros a me darem? Eu não tenho outra saída a não ser arrumar as malas e ir plantar batatas; recomeçar a vida com 'uma mão na frente e outra atrás'."

Humanamente, a guerra estava perdida. Deixei meu corpo jogado naquela cama até o entardecer. Dizia a mim mesmo: "Não vou chorar!" Mas as lágrimas são teimosas e sempre voltavam! O sino tocou para o jantar. Levantei, lavei o rosto, troquei de roupa, coloquei um sorriso arrasado nos lábios e fui encarar meus companheiros: os da esquerda, os da direita e até aqueles que sempre ficavam em cima do muro, os indiferentes; também aqueles que sempre diziam "Eu já sabia!"

Jantei, passei em frente à capela e novamente não entrei. Fui para a novela na tevê, a que há muitos anos não assistia. Às dez da noite, fui para diante do Santíssimo, mas não lhe disse nada.

Olhei para Ele, e Ele olhou para mim, quando comecei a Lhe dizer: "Nada poderia dar errado; eu dei o endereço das pessoas certas e o que elas falaram?" Na mente me veio a figura de Judas; e ali ficou claro para mim que alguém tinha traído minha confiança e minha amizade.

Satanás havia entrado na mente dessa pessoa e de outras que decidiram que eu não merecia receber o diaconato, inventando mentiras e mais mentiras sobre minha caminhada. Até minha vida moral foi questionada. Naquela noite, tudo ficou claro: era uma cilada do maligno. Toda a minha história vocacional tinha sido uma afronta a satanás. Ele jamais ia me querer padre e ninguém está livre de suas tentações. É só deixar, é só querer, é só abrir uma brecha e o pai da mentira estraga tudo.

Escutei Jesus dizer: "Não desanimes, eu venci e vencerei! Vê o lado bom: negaram-te o diaconato, mas não te mandaram embora porque eu não deixei!" Senti Jesus me dizer: "Tu serás padre, só padre e sempre padre. Eu estarei contigo, não tenhas medo!" Aquela noite foi maravilhosa para mim. Eu me alegrei e, diante do Santíssimo, tive uma crise de riso; não conseguia parar de rir. Pensei no rosto de cada um que havia me desprezado no decorrer da caminhada: alguns padres, muitos leigos, algumas pessoas de minha família.

Pensei no Vale do Amanhecer e, olhando para Jesus, disse:

> "Senhor, estou em Tuas mãos. Meus inimigos poderão até dizer: "Ele está sentado à sombra da morte, olhando para a cova!" Mas eu digo, Senhor, a meus inimigos: "Eu sei em quem coloquei minha esperança!" Vou insistir, Senhor, até o último dia. Não desistirei, irei em frente e vencerei; vencerei, não em meu nome, não por minha inteligência, não por minha simpatia ou até em minha falsidade. Não vencerei pro-

> tegido por alguém, até porque não tenho quem me proteja. Vê, Senhor, estou diante do grande Golias que insulta Teus humildes servos. Sabe, Senhor, que não sou nada, não tenho nada e não quero nada, a não ser fazer a Tua vontade."

Imediatamente o Senhor foi colocando-me diante da figura de Davi, tão simples, tão jovem! Davi era um dos oito filhos de um efrateu, de Belém de Judá. Os três mais velhos estavam com Saul no campo de batalha. O pai de Davi mandou que ele fosse saber notícia dos irmãos. Quando Davi chegou ao campo de batalha, encontrou Saul e todo o exército de Israel, tremendo de medo de um tal de Golias. Davi, que acreditava no poder de Deus e não no dos homens, disse para o rei Saul: "Ninguém desanime por causa desse filisteu. Teu servo irá combatê-lo!" [...] "Não é possível", exclamou o rei, "não passas de um menino e ele é um homem de guerra desde a mocidade!" (1Samuel 17,32-33). E Davi respondeu para o rei:

> "Quando teu servo apascentava as ovelhas de seu pai e vinha um leão ou um urso roubar uma ovelha do rebanho, eu o perseguia e o matava, tirando-lhe a ovelha da boca. E, se ele se levantava contra mim, agarrava-o pela goela e estrangulava-o. Assim como teu servo matou o leão e o urso, assim fará ele a esse filisteu incircunciso, que insultou os exércitos do Deus vivo" (1Samuel 17,34-36).

Dizem as Escrituras que o rei revestiu Davi com sua armadura, colocou em sua cabeça um capacete de bronze e o armou com uma couraça. Davi cingiu a espada de Saul por cima da armadura e tentou andar com aquela equipagem inusitada; mas ele disse a Saul: "Não posso andar com isso!" (1Samuel 17,39).

Diante de Jesus Eucarístico, eu me vi claramente na imagem de Davi, com toda a roupagem! E parecia que eu ouvia a voz de Davi gritando para Saul: "Com essa equipagem não posso andar!" Compreendi que Jesus me dizia: "Fica de joelhos aqui na frente e perdoa todas as pessoas que não te querem deixar caminhar. Retira do coração toda mágoa, todo sentimento de revolta, toda raiva dessas pessoas que não te amaram, não te ajudaram e não te levantaram. Perdoa e fica livre para andar em Meu nome."

Comecei a lembrar dessas pessoas, fazendo um grande esforço, lutando contra minha natureza pecadora, contra meu orgulho. Comecei por meu pai, meus irmãos, minhas irmãs, meus vizinhos, os políticos do Ceará que não faziam nada pela educação. Fui trazendo um por um: os poderosos, os que poderiam fazer e não fizeram, os lugares por onde eu tinha passado, as bobagens que fiz, todos os colegas de formação, os professores e uma série de padres. Pedi perdão ao Senhor pelo orgulho deles e pela vaidade de cada um. Pelos seminaristas e pelos questionamentos que eu tinha em relação a eles. Pelos padres do conselho, que davam tanta atenção ao que vinha de fora; pelas pessoas que haviam mentido a meu respeito, sem piedade humana ou religiosa. Enfim, por todos que levaram aquela roupagem de Davi para mim.

Fui colocando todos eles diante de Jesus Cristo, perdoando-os e perdoando-me. Fui tirando toda a roupagem: capacetes de bronze e ferro, espadas que cortavam a alma e ultrapassavam o coração. Fui arrancando tudo, e senti o coração vibrar de alegria. Meu corpo ficou descansado, livre. Senti um amor profundo e definitivo pela Igreja de Jesus Cristo, a única fundada por Deus, a única com poder de perdoar meus pecados, a única com o corpo de Jesus Cristo real na Eucaristia. Pensei nas palavras do Senhor: "Quem come de meu corpo e bebe o meu sangue tem a vida eterna."

Escutei a voz do Golias dizendo para Davi: "Sou eu porventura um cão, para vires a mim com um cajado?" (1Samuel 17,41). E o amaldiçoou em nome dos seus deuses: "Vem e eu darei a tua carne às aves do céu e aos animais da terra" (1Samuel 17,44). Davi respondeu:

> "Tu vens contra mim com espada, lanças e escudo e eu, porém, vou contra ti em nome do Senhor dos exércitos, do Deus das fileiras do exército que tu insultaste. Hoje o Senhor te entregará em minhas mãos e eu te matarei, cortar-te-ei a cabeça e darei os cadáveres do exército dos filisteus às aves do céu e aos animais da terra. Toda a terra saberá que há um Deus em Israel e toda essa multidão saberá que não é com a espada e nem com a lança que o Senhor triunfa, pois a batalha é do Senhor! E Ele vos entregou em nossas mãos!" (1Samuel 17,45-48).

Já sabemos o que aconteceu. Davi meteu a mão no alforje, tomou uma pedra e arremessou-a com a funda, ferindo o filisteu na fronte. A pedra penetrou-lhe na fronte, e o gigante caiu com o rosto por terra. Então eu vi, diante do Santíssimo, a vitória. Mais cedo ou mais tarde, a vitória iria acontecer. Na verdade, eu já sabia que o grande Golias já estava no chão. Despedi-me de Jesus Cristo porque as horas já haviam avançado. O cansaço chegara e, naquela noite, com tudo o que me havia acontecido, o sono voltou.

Não foram fáceis os dias seguintes. Por mais que Deus me tranquilizasse, eu me sentia rejeitado. Sentia que as pessoas que me olhavam ou que se aproximavam de mim não tinham nem um pouco de fraternidade.

No final de novembro e início de dezembro, eu era a imagem completa da solidão, da angústia e da preocupação. Meu diretor espiritual pediu que eu meditasse sempre no abandono do Cristo na cruz. Ele tentava me animar, dizendo que era na cruz que eu deveria buscar o consolo. Muitas vezes não estamos preparados para enfrentar a cruz. Diz a Palavra que Deus açoita os que Dele se aproximam (Hebreus 12,6). Existe uma música que cantavam muito nos grupos de oração da Renovação Carismática, cujo verso era assim: "Deixa Deus amassar o barro para fazer um forte vaso, não murmures meu irmão, deixa Deus te amassar, ele amassa como quer, está provando a tua fé."[2] Em outras ocasiões, eu já havia mostrado que tinha fé. Ela nunca se afastou de mim. Nos momentos mais difíceis, a fé se torna companheira inabalável.

A fé não é covarde como o sono. O sono está a meu lado nos momentos bons, quando tudo está tranquilo. Nas viagens, quando dirijo, lá está ele. No entanto, se ele percebe que o "bicho vai pegar", como um covarde, desaparece. E, naquelas últimas noites, ele tinha sumido. A fé continuava presente dizendo-me: "Levanta! Olha para frente, contempla tua vitória. Vence teus inimigos, não desanimes!"

Mas minha realidade era dura e não me deixava sonhar. O fato é que eu estava envolvido com as provas, vendo meus amigos serem ordenados ao diaconato, ao sacerdócio e eu tendo de lutar apenas com a esperança. Em uma noite, os que eram próximos a mim, com toda boa vontade, fizeram uma procissão em direção a meu quarto para aconselhar-me: "Ra-

---

2- Andrea Fontes. *Vaso novo.*

paz, veja os fatos; esses homens são de Deus. Você já foi expulso de um convento, foi para uma experiência, coisa inédita nesta comunidade. Negaram-lhe o diaconato. Isso é um forte sinal de que Deus não o quer padre. Desista! Você ainda pode recomeçar a vida, casar, ter filhos, ser um bom leigo. Nem todos nasceram para ser padre."

Um padre, membro do conselho, também me visitou naquela noite e me aconselhou dizendo que o melhor que eu deveria fazer, por mim e por todos, era concluir o terceiro ano de Teologia e deixar aquela comunidade: "Fique um tempo fora. Quem sabe daqui a alguns anos você poderá voltar?" Lembrei-me das palavras de Jesus Cristo quando disse aos discípulos que o Filho do Homem sofreria muito, seria julgado, condenado e pregado em uma cruz e, no terceiro dia, ressuscitaria (cf. Mateus 16,21). Lembrei que Pedro olhou para Jesus, chamou-o à parte e disse: "Que Deus não permita isto, Senhor! Isto não te acontecerá!" (versículo 22). E Jesus olhou para Pedro admirado e o repreendeu: "Afasta-te, Satanás! [...] teus pensamentos não são de Deus, mas dos homens!" (versículo 23).

Dormi com aquele pensamento: "Vai para longe, satanás! Tu não pensas como Deus, mas como os homens." É muito fácil pensar como os homens; basta seguir a própria mentalidade. Desafiar e fazer a vontade de Deus muitas vezes se torna complicado.

Há tempos eu não ia ao Santíssimo e perguntava: "Senhor, qual é Tua vontade?" Tinha até medo de fazer essa pergunta porque, quando a fiz, não me dei bem. Mas, para mim, estava tudo tão claro! Deus me queria padre e no coração de Deus eu já era padre. Então, quem não me queria padre? Os homens, o mundo e o próprio satanás!

Satanás usou algumas pessoas, e continuava usando, para fazer com que eu desistisse do projeto de Deus. Eu sabia que ele estava rindo e até dizendo: "Eu te venci!" Olhando para alguns membros da comunidade que me desprezaram por muitos anos, só me restava rezar por eles e dizer como Cristo: "Pai, perdoa-lhes; eles não sabem o que fazem!" (Lucas 23,34). Olhando para o conselho do seminário, eu poderia dizer: "Pai, perdoa-lhes, porque eles sabem, mas não fazem!"

Com toda essa tribulação na mente e no coração, eu estava sem nenhum centavo no bolso, com muita vergonha de minha família, dos amigos que haviam acreditado que, depois de voltar da experiência, eu me ordenaria. Para eles, eu estava pronto para ser ordenado. Eles oraram, acreditaram e até me ajudaram financeiramente.

Saí de férias sem muita graça, pronto para responder a milhares de perguntas que geralmente os conhecidos fazem. Perguntas que, muitas vezes, não têm sentido, não são bem formuladas; e algumas que não têm respostas ou que é melhor não respondermos para não magoar ou não escandalizar os pequeninos.

No Natal e no Ano-Novo, eu estava sozinho. Estava de volta à casa de minha irmã, que viajara. Aquela casa se tornou grande demais para alguém que havia perdido o rumo. Eu vi minha barca ser jogada para todas as direções. Eu orava e queria que aquelas férias terminassem para que eu pudesse voltar. Queria olhar para aquele conselho e dizer: "Eis-me aqui. Outra vez estou aqui!"

No início de janeiro, eu conheci a história de duas rãs.

Duas rãs caíram em um tacho de leite. Uma começou a se mexer e gritar para a outra: "Estamos fritas, estamos mortas, não vamos sair daqui!" A outra, ao contrário, gritava: "Nade irmã, ânimo irmã, nós vamos sair!" Mas aquela sua irmã nadou um pouco, mexeu-se um pouco, tentou pular do tacho, mas não conseguiu. Então desistiu e começou a afundar. A outra rã, vendo que a irmã iria morrer, tentou animar-se. Começou a nadar desesperadamente e pegou a irmã, jogou-a em suas costas e começou a nadar. Nadou, pulou, mexeu-se, gritou e esgotou-se. Quando já estava quase desistindo, mexeu-se mais uma vez, acreditou mais uma vez. Com o peso da companheira que se entregara e estava desmaiada, ela começou a perceber que o leite estava, por conta da nata, ganhando cremosidade. Então, mexeu-se mais um pouco, e o leite tornou-se um creme. A rã respirou fundo, reuniu suas últimas forças, deu um salto e pulou fora do tacho de leite.

Eu me alegrei com a vitória da rã, que poderia ser a minha. Eu sabia que seria a minha.

RETORNO AO SEMINÁRIO NOSSA SENHORA DE FÁTIMA

No final de janeiro de 1996, retornei ao seminário Nossa Senhora de Fátima. Geralmente, a volta é melhor do que a ida, como diz o salmista: "Saímos chorando e voltamos cantando com os feixes nas mãos" (Salmos 126,6). Mas eu estava voltando para recomeçar aquele ano preocupado, angustiado e muito tenso. Meus bons amigos já se tinham tornado padres. Meus colegas de turma agora eram ordenados ao diaconato. Eu seria o único a não ser ordenado, ou seja, um leigo no meio dos doutores e mestres. Mas eu teria de enfrentar isso. Era o último ano de Teologia. Possivelmente, terminaria toda a formação e voltaria para casa sem ser ordenado. Seria como aquele padeiro que trabalhou o dia inteiro, fez pão para todos e foi dormir com fome por falta de pão.

Eu estava ali para saber quem podia mais, Deus ou os homens. Reiniciei os estudos e, logo no primeiro dia, compreendi que não seria fácil. A conversa dos amigos não era mais a mesma; eles faziam pastorais aos sábados e aos domingos, como eu, mas contavam os batizados e casamentos que haviam celebrado. Era uma grande novidade para eles, motivo de grande alegria.

Cada um tinha uma história para contar. Uns diziam: "Que noiva mais bonita!" Alguns falavam: "Você tinha de ver a que eu casei, parecia uma deusa; agora, o noivo era um baixinho feio, careca, mas de muita sorte, pois casou-se com aquela bonitona!" E outros reclamavam dizendo: "Tive de celebrar dois casamentos no sábado à noite; a noiva chegou atrasada, jogando pó de arroz para todos os lados e com uma música infernal que não era própria para a celebração." E mais reclamação: "Pior aconteceu comigo. Tive de fazer o batizado de um 'bando' de meninos berrando em meu ouvido. Os pais não sabiam sequer responder às perguntas e os padrinhos não sabiam nem segurar a vela." Terminavam dizendo: "Esse final de semana não foi bom!" Com o tempo fui descobrindo que eles gostavam de fazer esses comentários sempre que eu estava presente.

O primeiro mês passou, o segundo também e nada mudava para mim. Ao contrário, minha convivência com a turma do quarto ano de Teologia não era nada boa. Eles não me aceitavam, e eu dizia: "Vocês não gostam de mim e nem eu de vocês; então não devemos nada para ninguém." Mas eu sabia que aquilo era bobagem, era apenas o que existe em todos os homens: mesquinhez.

Com o decorrer dos meses, foi ficando claro que nada mudaria: o conselho não iria me aceitar e eu não seria ordenado. Já estávamos no mês de maio, os diáconos já se preparavam para fazer o pedido para o sacerdócio e o primeiro semestre acabaria. Viriam as férias de julho e o segundo semestre passaria rápido por causa das ordenações. Ainda tinha a síntese de Teologia, que não seria mais tão complicada como a de Filosofia.

Eu conversava com todos os padres e, em cada conversa, ficava claro que eles não votariam a meu favor. Alguns diziam: "Você não mudou em nada! Você nem cresceu e nem aproveitou as oportunidades."

Depois daquele 12 de junho de 1983 perante a cruz na igreja do Perpétuo Socorro, aproveitei cada segundo de todas as oportunidades. Fiz todos os estudos necessários. Esforcei-me ao máximo. Aqueles padres estrangeiros, colombianos, canadenses e até brasileiros, que talvez nunca conheceram a realidade da seca, da fome, da injustiça social, que estudaram nos melhores colégios e que receberam tudo nas mãos, diziam-me: "Você não aproveitou a oportunidade." Para eles eu era somente alguém que insistia em mudar de posição social, tirar proveito da Igreja, fazer um pé de meia e depois sair para construir uma família.

Existia mesmo certa desconfiança a meu respeito. É verdade que os formadores não querem fazer mal para nenhum dos candidatos ao sacerdócio, porque já são poucos os que o procuram, os que querem ser padres. Como diz Jesus Cristo: "Muitos são os chamados, e poucos os escolhidos" (Mateus 22,14).

Os formadores têm toda uma responsabilidade em relação ao futuro da missão da Igreja, que é como um exército que pode entrar em guerra a qualquer momento para se defender ou para atacar. Seus soldados não poderão ser pessoas relaxadas ou displicentes, mas prudentes, bem formadas, intelectualizadas, moralizadoras e, principalmente, piedosas, que tenham uma boa espiritualidade. Nesse sentido, a história da Igreja é cheia de exemplos. O calendário da Igreja Católica é repleto de santos e santas de Deus.

A responsabilidade de ser um formador não é pequena e se torna monstruosa no mundo contemporâneo. A Igreja tem de responder à altura a seus inimigos, sejam eles humanos ou espirituais. Pelo grande amor que Deus me deu pela Igreja, eu sabia de tudo isso e de muito mais. A Igreja tinha-se tornado meu grande e único bem. Era minha maior riqueza, sentia-me seu amante. Refletindo, cheguei à conclusão de que todos estavam certos: os padres, os diáconos, os seminaristas e até os funcionários. Eu era o único errado, no lugar errado. No caminho dos santos, dos apóstolos, dos mártires, dos vocacionados, eu tinha sido uma pedra de tropeço, um rio tentando enfrentar o mar. Restava então pegar minhas coisas e desaparecer no meio da multidão; cansado, angustiado, como uma "ovelha sem pastor".

Mas e aquela voz dentro do peito? E aquela confiança profunda de que eu seria ordenado? E aqueles sonhos proféticos, em que eu andava por um caminho, precisava chegar a determinado lugar e uns monstros me cercavam na estrada, mas eu os vencia em nome de Jesus Cristo? No mesmo caminho, as pedras cresciam e eu as afastava em nome de Jesus Cristo. E as cobras, que no início do sonho eram pequenas, mas que cresceram e morreram, sobre cujos cadáveres eu passava? E os canhões, que vinham em minha direção para me matar ou me tirar do caminho, diante dos quais eu estendia o braço com o punho fechado e dizia: "Em nome de Jesus Cristo!", e eles explodiam no ar sem me ferir? E a rampa que cresceu, a ponto de eu subir me arrastando, enquanto um grupo de pessoas que corriam à frente, sem nenhuma dificuldade, não eram incomodadas nem atingidas e eu chegava com dificuldade no mesmo local em que todos eles chegavam tranquilos e em paz?

Eu tive esses sonhos na véspera de entrar no seminário Nossa Senhora de Fátima e os havia guardado no coração e nos escritos. E os vi sendo realizados no decorrer da caminhada. E quanto àquela voz que sempre me dizia: "Te quero padre, só padre e sempre padre"? E todos os sinais que Deus tinha me dado, seriam um engano de minha parte ou da parte de Deus? Então tudo era ilusão? Aqueles que nunca tiveram nada disso, só se sentindo vocacionados, chegavam tranquilamente ao sacerdócio. E eu, com tudo isso, não era chamado? Alguém me disse: "Existem aqueles que são chamados por Deus, os que são chamados pelos homens, e outros que são os teimosos, que insistem em ser chamados por Deus e escolhidos pelos homens." E eu estava em que categoria? Talvez na dos teimosos, que insistem e não desistem? Mas naqueles dias eu estava pronto para desistir.

[CAPÍTULO 12]

UMA LUZ

Todos os meses eu conversava durante horas com o diretor espiritual, que me animava e me encorajava. Geralmente, eu saía da sala da direção para recomeçar e continuar a caminhada. Era maio, eu ainda não havia feito a direção espiritual e, quando o dia chegou, bati à porta e escutei: "Entre!" Notei que o diretor estava cansado e desanimado. Tinha enfrentado uma grande doença que quase lhe tirara a vida; mas estava ali, fumando seu cigarro, diante das pilhas de livros de espiritualidade, de Teologia e de quase todas as áreas do conhecimento, uma vez que era professor de Mariologia e Cristologia, e de tantas outras matérias. Conhecedor profundo da vida de todos os santos, sua especialidade era a espiritualidade.

Então veio o veredito: "Realmente, você não vai ser padre por este seminário. Seria melhor que você saísse e procurasse outra diocese, que certamente vai acolhê-lo e você será ordenado." Suas palavras penetraram profundamente em mim, e eu compreendi que aquele padre, que havia me ajudado em todos os momentos de crise no decorrer daqueles anos, estava desistindo de mim. Conversamos longamente e ficou decidido que o melhor seria eu sair. Já ia saindo quando ele me chamou: "Ainda existe uma luz. Pense nela, reze e peça a Deus que o ilumine. Depois me procure!"

Fui direto para o Santíssimo, ajoelhei-me à sua frente. Naquela manhã de sábado, eu disse: "Senhor, eu não tenho dúvidas, tu me chamaste, queres-me padre e eu sei que o serei; só não sei onde, nem quando. Ajuda-me, por favor! Vem ao encontro de minha fé e de minha vocação!" Foi como se o Senhor me dissesse — um pensamento forte e definitivo brotava em minha mente, era uma luz, era uma saída, era a solução — eu ouvia em meu peito aquela voz dizer: "Eu tenho um servo nesta cidade que faz Minha vontade, que conhece Minha vontade. Meu humilde servo tem autoridade sobre todos porque Eu mesmo lhe dei essa autoridade. Não tenha medo porque o que ele tem fui Eu quem lhe deu." "Quem é este servo?", pensei. E ficou claro como a água: Dom José Freire Falcão.

EM BUSCA DA VITÓRIA

Dom José é um homem simples, extremamente humilde, nascido em Ererê, no Ceará, meu conterrâneo. Ele era a autoridade máxima da Diocese, e eu, apenas um seminarista. Eu estava há oito anos na diocese e nunca tinha tido a oportunidade de conhecê-lo melhor ou de ter um pequeno diálogo com ele. A formação estava entregue aos padres sulpicianos e ele não se envolvia em assuntos menores do seminário. O que estava acontecendo era sério; eu teria de procurar dom Falcão. No entanto, isso era algo que ninguém havia feito antes, conforme me disseram depois. Saí da capela e voltei para conversar com o diretor espiritual. Ele sorriu e disse: "Só existe essa luz, mas saiba que ele nunca interferiu em uma decisão do conselho."

Aquele final de semana foi extremamente difícil. Eu ensaiava palavras e mais palavras; pensava no que ia dizer na segunda--feira, quando eu procuraria dom Falcão para uma conversa. Eu dizia a mim mesmo: "Ele nem me conhece, talvez não me receba. Estou aqui, como peru de Natal, morrendo antes do dia." De domingo para segunda-feira, quase não dormi; mas naquelas primeiras horas da segunda-feira eu estava na cúria metropolitana, levando alguns informes para que ele lesse.

A secretária que me anunciou nem olhou para mim; mas ele me cumprimentou como se já me conhecesse e perguntou o motivo de minha ida até ali. Procurei as palavras e elas não saíam. Eu estava emocionado diante do cardeal arcebispo de Brasília. Ele esperava que eu falasse e minha mente me traía. Vi-me como são João Maria Vianney, quando ninguém queria ordená-lo por não ser tão inteligente e ele foi conversar com o bispo, que lhe disse: "Vianney, você é burro, você não serve, você não aprende." E ele respondeu: "Senhor bispo, não está escrito que Deus usou Sansão, com um queixo de um burro, para matar mil? Imagina o que ele vai fazer com um burro inteiro!" Como uma flecha esse pensamento brotou em minha mente e eu tomei coragem e entreguei os informes. Ele leu alguns. Eu disse de uma só vez: "Senhor cardeal, eu só quero ser padre! Simplesmente padre!"

E ele, encarando-me com um amor de pai, escutava-me. Comecei a me sentir à vontade, alegre e acolhido com a segurança e confiança que ele passava com apenas um olhar. Compreendi que eu não estava sozinho. A Igreja estava ali comigo, representada naquele seu servo, que o Cristo havia escolhido para ser sua palavra final entre mim e o seminário. Em suas poucas palavras me confortou e só faltou pedir perdão por tudo o que eu tinha passado. E sentenciou: "Volte para casa e deixe comigo!"

Foi o que fiz. Deixei tudo em suas mãos e disse para Jesus Cristo: "Agora é com ele e com o Senhor. O que for decidido eu aceitarei." Quando cheguei ao seminário, levei o maior susto. Alguns vieram a meu encontro, dizendo: "Dom Falcão esteve aqui. Onde você estava?" Logo o reitor me disse: "Você foi falar com o cardeal?" E eu, sabendo de meu pecado — havia passado por cima do conselho e tinha ido ao encontro do servo de Jesus Cristo —, com medo, falei para o reitor: "Sim, eu conversei com ele." O reitor me olhou e se retirou. Notei que ele não estava satisfeito comigo. Então, naquele dia, depois de muitos anos, eu não almocei, não tive coragem de entrar no refeitório.

Oito dias depois, fui avisado que todos os padres haviam votado a favor de minha ordenação ao diaconato. O reitor me chamou e disse: "Por mim você já seria padre; mas não foi assim. Aceite como vontade de Deus ou assuma como uma provação!"

Eu já tinha aceitado, não como vontade de Deus, mas como vontade dos homens. A vontade de Deus era a de que eu fosse padre, para anunciar Sua palavra, celebrar a Eucaristia, administrar os sacramentos da Confissão, do Batismo, do Matrimônio, da Unção dos Enfermos e estar ao lado do povo anunciando Jesus Cristo como único Redentor e Salvador.

Mas satanás nunca quis essa ordenação porque ele sabia que eu iria tirar os filhos de Deus de suas mãos. Ele sabia que eu iria, em nome de Jesus Cristo, curar o povo de Deus, libertar, pregar contra seus males, contra suas doenças e mazelas. Falar contra suas seitas, principalmente o espiritismo, que é fruto de sua maldade. Então, no decorrer de minha formação, ele colocou seus servos em meu caminho para destruir o projeto de Deus. Servos de satanás que, na verdade, eram filhos amados de Deus, que nunca assumiram sê-lo e que se deixaram levar pela mentira, pela falsidade, pelo orgulho e pela vaidade. Rejeitaram a graça de Deus e não queriam o bem, só contemplaram o mal.

É fácil tornar-se escravo de satanás: basta ser imprudente e se deixar levar, fazendo mais sua vontade do que a vontade de Deus. Aprendi, no decorrer desse tempo, que muitas vezes lutamos ferozmente com toda a força e com toda a capacidade contra a vontade de Deus. Sentimo-nos livres, tranquilos com nossa consciência; contudo, arrasando a vida dos outros, causando sofrimento e nos alegrando com a derrota de nossos irmãos. Mas é verdade o que alguém já falou: "Criamos nossos espinhos e nunca paramos para refletir sobre seus efeitos."

A VITÓRIA

O reitor me olhava e dizia: "Que bom que agora deu certo!" Eu sabia que aquele era um homem bom, mas muitas vezes esteve sob influências externas, e o que vem de fora não é meditado, orado e confiado na graça de Deus. Satanás se aproveita de muitos dos que não conhecem a verdade de um seminarista e nem o íntimo de um vocacionado e procura destruir tudo o que Deus semeou.

Aquela notícia de que eu havia sido aceito para o diaconato trouxe-me uma grande alegria. Eu sabia que era da vontade de Deus, mas não era da vontade de muitos que moravam comigo. Houve um silêncio da parte de muitos de meus colegas. Geralmente, essa aprovação ou outra qualquer, como o leitorado e o acolitato, traz muito júbilo para a comunidade e o eleito recebe parabéns, abraços, aplausos. Comigo nada disso aconteceu.

O máximo que eles disseram, e com certo espanto, foi: "Você foi aceito? Você foi aprovado?" Quem eu vi extremamente feliz com minha aprovação foi meu diretor espiritual e as comunidades por onde eu havia passado, Planaltina e Vale do Amanhecer.

Estava no final do mês de maio. Marquei minha ordenação diaconal na Paróquia de São Sebastião, em Planaltina, durante a festa de São Pedro e São Paulo. Padre Roberto Carlos Rambo me ajudou muito, testemunhando em meu favor e me apoiando no que era necessário. Ele disse ao reitor: "Se eu tivesse passado por todas essas provações, talvez eu não seria padre, nem eu e nem muitos."

A verdade é que a provação assusta. Queremos estar com Deus somente na ressurreição, mas o Jardim das Oliveiras é um lugar de acolhimento. Passar pela vida cristã e não conhecer seus mistérios não vale a pena. Foi lá que Jesus disse para seus discípulos: "Ficai aqui e vigiai comigo!" (Mateus 26,38). Na hora do sofrimento, Jesus pediu ajuda aos discípulos: "vigiai comigo!". Rezou, clamou e suou sangue, depois disse: "Dormi agora e repousai, [...] o Filho do Homem vai ser entregue nas mãos dos pecadores!" (Mateus 26,45) Jesus estava no meio de um jardim, entre flores perfumadas, árvores que dão frutos e oliveiras que dão óleo, mesmo assim estava "angustiado e abandonado", como diz a Palavra.

Judas apareceu com soldados armados e Jesus perguntou: "A quem buscais?" (João 18,7). E eles responderam: "A Jesus de Nazaré!" (versículo 5). E o Cristo por sua vez gritou: "Sou eu!" (versículo 5). Ele disse o mesmo que Deus dissera para Moisés na sarça ardente: "EU SOU AQUELE QUE SOU" (Êxodo 3,14), o Salvador. Eles estavam procurando Jesus de Nazaré não para se deixarem salvar por Ele, não para receber Seu corpo e beber Seu sangue, não para fazer a vontade do Pai, mas para humilhá-

-Lo, crucificá-Lo e matá-Lo, satisfazendo a vontade do inimigo. Penso nos milhares e milhares de católicos e evangélicos que estão à procura de Jesus de Nazaré para tentá-Lo, massacrá-Lo e para vendê-Lo.

Eu também estava no jardim no decorrer da formação sacerdotal. E só via o jardim. Talvez não percebesse que ali estava também a serpente, que disse para Eva: "É verdade que Deus vos proibiu comer do fruto de toda árvore do jardim?" (Gênesis 3,1). Deus havia aconselhado, não proibido! Ele avisou: "Vós não comereis dele, nem o tocareis, para que não morrais" (versículo 3) A vida e a morte estavam no jardim, era só obedecer àquilo que Deus havia ordenado. Judas esteve com o Senhor no jardim durante todos os seus dias de vida pública, mas não lhe obedecia. Corremos um sério perigo de estarmos sempre no jardim e não compreender que o que Deus tem para nós é muito mais do que aquilo que, com nosso egoísmo, podemos conquistar. Eva queria ser como Deus, e Judas queria conseguir umas moedas.

Agora, com o diaconato, eu fazia parte daqueles que são responsáveis pelos jardins. E os jardins estão sujeitos a todo tipo de ataques: insetos por todos os lados, pássaros que vêm fazer seus ninhos, abelhas e beija-flores que vêm sugar as flores; e a serpente perigosa, que pode atacar e ferir o jardineiro. Com a aprovação para o diaconato, eu era convidado pela Igreja a estar dentro do jardim, afastando o mal e colhendo o bem. Foi isso que meditei quando saí do escritório do reitor. Fui para a capela e disse a Jesus Cristo: "Louvado seja, bendito seja, porque até aqui eu fui um vencedor!"

Marquei minha ordenação para o dia 29 de junho, na solenidade de São Pedro e São Paulo, apóstolos que aprendi a amar porque são rochas firmes de Jesus Cristo, colunas da Igreja. Aquele mês de junho foi um dos meses mais corridos de toda a minha vida. Eu não tinha nada e tive de fazer tudo às pressas. O cansaço e a preocupação com os convites, com as roupas, com o discurso e com a celebração tomaram conta daquele mês, mas em tudo eu era agradecido.

No dia 29 de junho, a missa das 19 horas estava completa. Durante aquele domingo, eu não fiz nada. Preparei-me como uma noiva se prepara para seu noivo. Meditava, na primeira leitura, quando Pedro estava preso e amarrado com duas correntes e os guardas vigiavam a prisão com todo o cuidado para que nada acontecesse. Um anjo apareceu e disse: "Cinge-te e calça tuas sandálias. [...] Cobre-te com tua capa e segue-me" (Atos dos Apóstolos 12,8). Pedro saiu da prisão acompanhando o anjo e só quando passou pelos portões, chegando diante da rua, caiu em si. Pedro diz: "Agora vejo que o Senhor mandou verdadeiramente Seu anjo e me livrou da mão de Herodes e de tudo o que esperava o povo dos judeus" (V. 11). O Senhor também havia mandado não só um anjo, mas centenas e centenas, que me ajudaram financeira e espiritualmente, orando por mim. Pessoas que o Senhor havia colocado em meu caminho, nos momentos mais difíceis, que me acolheram, amaram-me e disseram: "Se Deus é por nós, quem será contra nós?" Eu sabia que ali, naquela celebração, algumas daquelas pessoas estariam com o coração vibrante e agradecido.

Naquele domingo, eu me lembrava de todos aqueles que me acompanharam no decorrer de 12 anos, que ficaram pelo caminho ou foram transportados para o outro lado da vida. Lembrei-me das curvas do caminho, dos que foram descartados tanto do convento como do seminário, dos que desistiram por conta própria, dos que simplesmente se cansaram no decorrer da caminhada. Mas eu sabia que "todas as coisas concorrem para o bem daqueles que amam a Deus" (Romanos 8,28).

Na segunda leitura, meu apóstolo preferido dizia, naquele seu dia consagrado:

> "Quanto a mim, estou a ponto de ser imolado e o instante de minha libertação se aproxima. Combati o bom combate, terminei minha carreira, guardei a fé. Resta-me agora receber a coroa da justiça, que o Senhor, justo Juiz, me dará naquele dia, e não somente a mim, mas a todos aqueles que aguardam com amor sua aparição." (2Timóteo 4,8)

Interpretando as palavras de São Paulo, ele estava dizendo: "Estou no fim de minha carreira, já anunciei Jesus Cristo no cansaço, pelo trabalho, pelos cárceres, pelos açoites sem medida. Por causa de Cristo, vi a morte de perto. Cinco vezes recebi dos judeus os quarenta açoites menos um. Três vezes fui flagelado com varas, fui apedrejado uma vez, naufragado, três. Atravessei uma noite e um dia no abismo, viajei para todos os continentes." Como ele diz no capítulo 11, da segunda carta aos coríntios, tinha enfrentado perigos na cidade, no deserto, no mar, perigo entre os falsos irmãos, trabalho e fadiga; repetidas vigílias, com fome e sede; frequentes jejuns, frio e nudez; além de outras coisas (2Coríntios 11,26). E ainda diz: "Quem é fraco, que eu não seja fraco? Quem sofre escândalo, que eu não me consuma de dor?" (V. 29).

No dia de minha ordenação ao diaconato, ele dizia: "Combati o bom combate [...], guardei a fé!" (2Timóteo 4,7). Eu sabia que tinha um longo caminho pela frente e que meus desafios estavam só começando. Era o primeiro dia de uma nova vida.

Procurei o Evangelho para ver o que o Cristo pregava naquele dia e era o capítulo 16 de Mateus, fazendo aquela famosa pergunta: "No dizer do povo, quem é o Filho do Homem?" (Mateus 16,14). E a resposta já sabemos. No dizer do povo:

"Uns dizem que é João Batista; outros, Elias; outros, Jeremias ou um dos profetas" (V. 15). Mas Jesus, percebendo que o povo não o conhecia tão bem, voltou-se para seus escolhidos e perguntou: "E vós quem dizeis que eu sou?" (V. 15). Era difícil responder a essa pergunta logo no dia da ordenação e é Pedro quem vai dar a resposta: "Tu és o Cristo, o Filho de Deus vivo!" (V. 16).

Jesus diz a Pedro: "Tu és Pedro, e sobre esta pedra edificarei minha Igreja; as portas do inferno não prevalecerão contra ela" (V. 18). De agora em diante, eu estaria dentro desta Igreja, estava sendo ordenado para pregar a Palavra, anunciar Jesus Cristo, dentro ou fora desta rocha, a única do Senhor, com toda confiança. As potências do inferno poderão até investir sobre ela, sacudi-la para todos os lados, querer assombrá-la; mas essa garantia foi dada somente a ela e só ela retém as palavras do Cristo que diz: "O céu e a terra passarão, mas as minhas palavras não passarão!" (Mateus 24,35) O inferno com os seus inimigos não poderão vencê-la! Eu estava sendo ordenado para ir às praças, às esquinas, aos becos, aos campos, às cidades, aos colégios, às grandes fazendas, às rádios, às televisões e dizer: "Tu és o Cristo, o Filho de Deus vivo!"

Às 19h, a celebração começou com o canto de entrada "Te amarei, Senhor", de padre Zezinho. Então, recebi o diaconato das mãos de dom Jésus Rocha, bispo auxiliar de Brasília, ao qual dom Falcão havia confiado mais essa missão. Ao término da cerimônia religiosa, eu era a felicidade em pessoa e não demorou muito para perceber que agora seria mais fácil ou mais fraterna a caminhada. No dia seguinte, eu já estava de férias, merecidas férias, uma das melhores que já tive.

No início do mês de agosto, eu estava de volta ao seminário. Meu relacionamento havia mudado; as pessoas me tratavam como "senhor diácono"; nossa recreação era separada. Assim como os padres, tínhamos uma sala separada dos demais estudantes, com geladeira, televisão e uma linha telefônica. Não só por isso, mas principalmente pelo diálogo que existia entre nós, os diáconos; cujas conversas e preocupações haviam mudado. Falava-se agora na síntese da Teologia, na ordenação sacerdotal, na festa da ordenação e, principalmente, na paróquia para onde cada um seria enviado, embora só os senhores bispos saibam para onde vão mandar seus ordenados. Mas entre os diáconos existia sempre aquela interrogação: "Para onde vou depois de padre?" "Como vai ser minha comunidade?", "O que vou encontrar lá?"

Eu não sabia se iria me ordenar no final do ano, já que eu só tinha um mês de diaconato. Geralmente o período era de um ano. O conselho faria tudo de novo, pediria os testemunhos, faria uma pesquisa nas comunidades onde eu havia trabalhado, escutaria as pessoas e depois de todo esse processo de votação é que eu saberia se seria ou não ordenado. Mas como se dizia: "Chegou ao diaconato, vai chegar a padre", a menos que aconteça algo de extraordinário, o que não era desejado por ninguém.

Eu tinha de manter meu ritmo de estudo, preparar-me para a ordenação sacerdotal, preparar-me para a síntese. A preparação para a ordenação sacerdotal toma tempo demais e eu tinha de fazer quase tudo sozinho. Por isso aquele semestre desapareceu de minha frente. Estudava e trabalhava de segunda a sexta no seminário; sábado e domingo ficava em Planaltina celebrando batizados e casamentos, fazendo celebração da Palavra e continuava ajudando a comunidade do Vale do Amanhecer, que agora já era bem diferente dos primeiros dias! Havia capela, adoração ao Santíssimo, grupo de oração e algumas pastorais caminhando a todo vapor.

Chegou o momento de escolher qual matéria que faria como síntese teológica. Além de todas as provas de outras matérias, era preciso escolher uma para que dois professores recebessem a síntese enchendo-me de questionamentos. Eu já estava tão cansado que não aprenderia com tanta facilidade. Aquele mês de novembro, cheio de novidades, me deixou com um alto grau de estresse. Quando o sino tocava às seis horas da manhã, eu tinha vontade de morrer para continuar deitado.

Em um segundo se passava pela minha mente toda a programação de um dia. Então eu dizia: "Hoje não darei conta!" Eram geralmente cinco aulas, conferências, esportes obrigatórios, as orações da comunidade, que se repetiriam três vezes no decorrer do dia. Em tudo teria de estar muito disposto. Eu sentia a necessidade de estar mais disposto e contente por tudo, não deixando que o espírito do desânimo e da murmuração viesse à tona.

Em outubro, encaminhei meu pedido para ordenação sacerdotal. Escolhi as três pessoas com muito cuidado e oração para que o conselho mandasse os informes para serem preenchidos por elas e estava na ansiedade da espera pela resposta do conselho. A ordenação sacerdotal já estava marcada para 30 de novembro, dia de Santo André, um dos apóstolos de Jesus Cristo, na Catedral Metropolitana de Brasília.

Eu me deixava levar por meus pensamentos: "Será que vou estar lá? Quando será minha ordenação sacerdotal? Não importa se vai ser no dia 30 ou daqui a um ano ou daqui a alguns anos! O que importa é que, segundo Jesus Cristo, um dia eu serei padre, só padre e sempre padre!" Nas conversas que eu tinha com os diáconos, eles diziam: "Lógico que você não vai ser ordenado conosco, até porque já temos um ano, já somos quase doutores em diaconato! Você só tem quatro meses. Não é querer demais?"

Eu ficava calado, porque eles estavam certos. Era querer muito, depois de ter sido rejeitado para o diaconato e ter sido aceito seis meses depois por misericórdia, com a ajuda de dom Falcão. Então as dúvidas vinham como uma flecha. O certo é que eu estava terminando os estudos de Teologia e não tinha mais como permanecer no seminário. Seria, certamente, mandado para uma comunidade para esperar com demora a decisão dos homens. Então eu parei de falar ou perguntar para os diáconos e passei a me dedicar aos estudos.

[CAPÍTULO 13]

CHAMADO E ESCOLHIDO

A primeira semana de novembro chegou com as listas com o nome dos candidatos aceitos para a ordem sacerdotal, que geralmente eram lidas no refeitório, durante o jantar, para toda a comunidade. O reitor ficava de pé, com toda a comunidade ansiosa, em especial os candidatos ao diaconato ou ao sacerdócio, que esperavam ouvir seus nomes; se não os ouvissem, era sinal de dor, angústia e, para alguns, injustiça. Ele começava dizendo: "O senhor cardeal, dom José Freire Falcão, chama para o sacerdócio...", e pronunciava os nomes, acompanhado por um silêncio terrível.

Lembro que ele começou a pronunciar o nome de todos os colegas e, por último, escutei bem quando ele disse: "O senhor cardeal chama à ordenação sacerdotal, o senhor diácono Moacir Anastácio de Carvalho."

Quando ele pronunciou meu nome, houve uma estridente salva de palmas que se prolongou por muito tempo. Eu até pensei que tudo aquilo fosse para mim e, por um segundo, pensei:

"Como sou amado!" Mas um espírito do mal soprou em meu ouvido e disse: "Não é para você, você é o último da lista; então, é para todos." E eu respondi: "Graças a Deus, é para todos, não importa se sou o último ou o primeiro; o importante é que Jesus Cristo seja amado, louvado e conhecido."

Eu estava extremante agradecido porque alguém havia acreditado e apoiado minha vocação. Eu seria eternamente grato a Jesus Cristo por seu servo dom José Freire Falcão, sem o qual eu teria sofrido muito mais para chegar ao diaconato e ao sacerdócio.

NAS MÃOS DE MARIA

Então, só me restava menos de um mês para a ordenação sacerdotal. Eu não havia feito convites nem comprado a túnica, a estola, a casula e tantas outras coisas que se tornam necessárias para o sacerdócio. Na maioria das vezes, a vaidade dos diáconos não é pequena. Essas roupas teriam de vir de Roma, porque alguns diziam: "Somente lá tem algo bonito!" Agora só restava fazer todas as provas e a síntese teológica, na qual eu já estava trabalhando. Para defender a tese, havia escolhido Mariologia. Teria de saber tudo e um pouco mais sobre Maria. Seria avaliado por meu diretor espiritual, padre André, juntamente com outro padre. Os dois tinham fama de ser muito duros na avaliação da síntese.

Às cinco horas da manhã, li tudo o que havia estudado em quatro anos; revivi ponto por ponto. Às oito horas, os diáconos foram chamados um a um àquela sala, que tinha testemunhado tantas discussões no decorrer dos estudos. Às 17h30, chegou a minha vez. Entrei, sentei-me diante dos padres e percebi que não sabia quase nada. Quase tudo o que eles me perguntavam, mesmo conhecendo as respostas, eu não respondia; era difícil coordenar as ideias, fazendo com que se prolongasse meu tempo.

Tempo não era problema para aqueles padres. Eles queriam arrancar de mim tudo o que eles haviam ensinado durante quatro anos. Lembro que me perguntaram tantas coisas, inclusive: "Você não acha que Jesus não honrava Maria? Não a respeitava porque nunca a chamou de mãe? Isso não é muito grave para um filho?" "Nunca pronunciou seu nome, já que tantas vezes pronunciou o nome de André, Pedro, Tiago e até de Judas. Não se encontra na Sagrada Escritura que em algum momento Jesus tenha pronunciado o nome de Maria ou a chamado de mãe; mas quando se referia a ela, chamava-a de mulher; isso não é muito grave?" "Nas bodas ele diz: 'Mulher, o que temos com isso?' (João 2,4) Na cruz diz: 'Mulher, eis aí teu filho.' Por que tudo isso?" (João 19,26)

Para quem estava esgotado, querendo sair o mais rápido possível daquela sala, uma saraivada de perguntas como aquelas era demais! O que eu respondesse demonstraria minha insegurança ou minha falta de conhecimento da Teologia e da Sagrada Escritura. "Maria, seja minha conselheira; responda a essa pergunta por mim porque sozinho eu não posso mais, eu pensava."

Voltei meu pensamento para os primeiros capítulos do Gênesis, no momento da Queda, quando Deus apareceu para Adão, e ele estava escondido, após ter comido do fruto. Deus o chamou e disse: "Onde estás?" (V. 9). Ele estava nu. E nu, na Sagrada Escritura, é sem a graça.

Deus castigou cada um deles. No capítulo 3 do Gênesis está escrito: "Então o Senhor Deus disse à serpente: 'Porque fizeste isso, serás maldita entre todos os animais e feras dos campos; andarás de rastos sobre teu ventre e comerás o pó todos os dias de tua vida. Porei ódio entre ti e a mulher, entre a tua descendência e a dela'" (V. 14,15). Deus havia prometido que, entre o espírito do mal que estava na serpente e a mulher, entre essas duas gerações, haveria sempre uma separação. Na plenitude do tempo, Deus envia do céu o anjo Gabriel a um pequeno povoado de Israel chamado Nazaré, em busca de uma adolescente chamada Maria, que havia sido concebida sem pecado original, para ser a mãe do Salvador.

Diz São Lucas no capítulo 1: "Entrando, o anjo disse-lhe: 'Ave, cheia de graça, o Senhor é contigo'" (V. 28). Ave é escrito ao contrário de Eva. O anjo estava admirado, dizendo: "Ela é tão diferente de Eva!" Diferente em seu jeito, em seu pensamento e em sua generosidade. É ela a primeira a dizer: "Eis aqui a serva do Senhor!" (V. 38). Tanto nas bodas, no capítulo 2, como no capítulo 19 de São João, Jesus diz: "Mulher".

No primeiro, Ele está em uma festa, uma grande festa de sete dias e sete noites e realiza seu primeiro milagre diante de todos. Certamente está feliz. No segundo, está crucificado, açoitado, chagado, coroado de espinhos, tinha sofrido o peso de um julgamento injusto, não teve defesa e falou ao Pai: "Não se faça a minha vontade, mas a tua" (Lucas 22,6). Contempla Maria diante de sua cruz e diz: "Mulher, eis aí teu filho".

O fato é que, com tudo isso, Jesus estava dizendo: "Nunca te chamei de mãe ou pronunciei teu nome porque tu és a mulher prometida por Deus. Eu sou a tua descendência. Eu sei que, entre ti e satanás, meu Pai colocou ódio. Ele vai sempre te odiar porque és surpresa de Deus, és a 'mulher' prometida, preparada, que não se rendeu como Eva. Então, mulher, eis aí teu filho; não só este, mas todos."

"MARIA NÃO TEM PECADO?"

Reuni todo esse conhecimento e disse: "Jesus sabia que sua mãe era a mulher da promessa, então por que tratar por outro nome, se ela é a 'mulher' da promessa de Deus? A primeira discípula de Jesus Cristo, a primeira a sofrer por Ele, a primeira a estar com Ele, a primeira a ser concebida sem pecado?" Um dos padres olhou para mim e disse: "Maria não tem pecado?" Percebi que era uma provocação. Um pouco assustado, eu estendi a Sagrada Escritura para ele e disse: "Então me mostre, na Sagrada Escritura, um pecado de Maria e eu lhe mostrarei e apontarei o pecado de todos os homens da Sagrada Escritura. Por exemplo, Moisés matou um homem e o enterrou na areia e não entrou na Terra Prometida porque duvidou do Senhor. O pecado de Davi, o adultério. Tomé duvidou da ressurreição. Pedro negou três vezes. Paulo foi inimigo da Igreja. O profeta Jonas não queria obedecer — Deus mandava para a direita e ele ia para a esquerda. Jeremias amaldiçoou o dia em que nasceu. Elias disse: 'Chega, Senhor, manda-me a morte, isso é desespero.'"

E fui falando o pecado de cada um e depois lhe perguntei qual era o pecado de Maria. Se colocarmos água pura em um vaso sujo a água ficará contaminada. O filho de Deus é puro. Nele não há pecado, confirma São Paulo. Então, como o Pai iria mandar Seu Filho para um seio pecador? Os padres olharam para mim e disseram: "Chame o próximo!"

Agora que eu queria falar, agora que minha mente estava trazendo toda a realidade de Maria para minha boca, estava descansado, com o coração vibrando de alegria por estar ali falando de Nossa Senhora, os padres me mandaram sair. Deixei aquela sala insatisfeito. Era, então, o fim dos quatro anos de Teologia. Fui direto para a capela e fiz um grande louvor ao Senhor por ter vencido os estudos básicos para ser sacerdote.

No dia seguinte, começaria um retiro que não aconteceu. Estávamos lá com um pregador; mas, como faltavam quatro dias para a ordenação, ninguém falava em outra coisa a não ser no dia 30: o almoço para os convidados, o nervosismo da primeira missa, a primeira pessoa que você atenderia em confissão etc. A doutrina da Igreja ensina que a primeira pessoa a confessar-se com um padre recém-ordenado recebe uma indulgência que é a remissão total diante de Deus da pena temporal devida por pecados já perdoados.

Assim, era quase impossível fazer silêncio e entrar no clima do retiro, por mais que nos esforçássemos. Sabíamos qual a comunidade na qual alguns iriam trabalhar. Quase todos haviam sido destinados para serem párocos; outros seriam vigários, entre eles eu, que seria vigário do padre Giovane Carlos Caldas Barroca, no Recanto das Emas, uma cidade recém-criada, com mais de oitenta mil habitantes e com alto índice de violência, completamente carente de tudo. Uma poeira de fazer desgosto ou, na época da chuva, uma lama de atolar qualquer filho de Deus. Uma realidade que assombrava qualquer recém-ordenado. Alguns diziam: "Graças a Deus, o Pai me defendeu e espero que continue me defendendo de tal maldição."

Tudo era levado na graça porque estávamos sendo ordenados para fazer a vontade de Deus, trabalhar com Seu povo e ajudar o bispo na missão com seu rebanho. Eu me sentia feliz porque sempre estive com o povo e, muitas vezes, eu era um entre eles, atolado ou flagelado. Creio que nenhum de nós tinha escolha, era só ser mandado e lá estaríamos, prontos para servir.

Fomos avisados de que deveríamos desocupar o seminário; isso era a parte boa, porque era o fim de uma caminhada. Para alguns, era um desafio. Naquela tarde de sexta-feira, arrumei minhas poucas coisas em uma caixa e em uma mala antiga e fui para Samambaia rever meu irmão e dar um abraço em minha mãe, que tinham vindo para minha ordenação.

Durante aquela noite quase não dormi, pensando em todas as respostas que teria de dar ao senhor bispo, meditando na liturgia da celebração e no que eu seria depois da ordenação. Quando o reitor nos avisou que naquela tarde deveríamos desocupar o seminário, a reação imediata foi como a de receber uma ótima notícia, pois eu havia despendido 12 anos de minha juventude no seminário. Nos primeiros dias, no convento franciscano, eu tinha sofrido a dor dessa separação entre o mundo religioso e o mundo que eu conhecia, de certo modo, tão profano! No decorrer daqueles primeiros meses, eu tive de fazer uma grande renúncia e aceitar as normas de um convento, que nem sempre são fáceis. Devemos obediência aos superiores, justificamos nossos atos, o que, para mim, era difícil. Todas as vezes que saía para a rua, tinha de escrever no quadro a hora da saída e a hora da chegada, onde estava indo e com quem estava. Mesmo estudando fora eu precisava dar as mesmas explicações todas as noites.

Quando deixei o convento, quatro anos depois, eu me sentia perdido por não ter mais compromisso com os horários nem com a obediência. Sentia-me como aquele protagonista do filme *Um sonho de liberdade*, que, ao sair da prisão após muitos anos, desejava cometer um crime para voltar àquele lugar, já que não conseguia mais viver do lado de fora. No filme, o homem deveria pedir autorização até mesmo para ir ao banheiro; e de tanto receber não, já não conseguia mais urinar.

Assim foi comigo quando saí do seminário. Eu havia sofrido, me estressado, adoecido, passado por momentos difíceis, mas queria voltar. No seminário Nossa Senhora de Fátima fiquei sete anos, além daquele em que fiz aquela experiência, na qual percebi que sentia saudades do badalar do sino, das horas, muitas vezes até das sonolentas aulas, dos professores, alguns muito mesquinhos (como era o caso de um professor de português que gostava de me lembrar da fome que havia passado na Segunda Guerra Mundial! O mesmo que me disse que eu havia perdido uma boa oportunidade de ficar calado, lembra-se?). Eu estava agradecido não só pelas pessoas que haviam me ajudado, mas também pelas que me julgaram e me condenaram sem ouvir minha defesa. As feridas mais profundas haviam sarado ao ver meus desafetos me parabenizando! Mas estava agradecido principalmente ao Senhor da vida, ao Deus de minha história, porque não havia me deixado envergonhado ou derrotado diante dos homens e do mundo.

[CAPÍTULO 14]

ORDENAÇÃO SACERDOTAL

À noite, eu estava com uma forte ansiedade. Queria que aquela noite desaparecesse e que o sol chegasse trazendo uma nova vida, uma nova missão e um novo ser sacerdotal. Sabia que o sol ia chegar iluminando meu caminho e me levando a Jesus Cristo que esteve e estaria sempre comigo, em todos os momentos. Quase não dormi e, na madrugada, acordei cantando:

Não dá nem mais pra ver o porto que era seguro
Eu sou impulsionado a desbravar um novo mundo
Não dá mais pra negar, o mar é Deus e o barco sou eu
E o vento forte que me leva pra frente é o amor de Deus.[3]

Acordei cantando essa música, lembrei-me de toda a letra e meditei no que queria dizer. O amor de Deus me impulsionava a desbravar um novo mundo. Eu teria de achá-lo novo, bonito,

---

3- Nelsinho Corrêa. *Não dá mais pra voltar.*

maravilhoso e me empolgar com ele e me emocionar todos os dias de minha vida, porque só assim a rotina de ser padre não iria me consumir.

A manhã chegou e o sol não apareceu. Chovia sem parar. Fui o primeiro a acordar; arrumei-me, peguei a chave do velho carro emprestado e convidei minha mãe e meus irmãos para virem comigo. Mas eles deram uma resposta duvidosa: "Ainda é cedo, vá na frente que nós iremos logo em seguida." Não entendi o que houve. Por que ninguém queria ir comigo à Catedral de Brasília? No dia de minha ordenação sacerdotal eu teria de fazer o caminho sozinho. Isso não seria um mau sinal? Ainda insisti: "Eu estou com um carro, estou sozinho, vamos logo!" Mas arrumaram tantas desculpas que me convenceram a ir logo, visto que eu não poderia chegar atrasado. No entanto, dias depois, descobri que era porque eu havia tirado a habilitação há poucos dias e não dirigia tão bem...

FÉ E PROTEÇÃO

Chovia bastante e o carro quase não pegava. Quando entrei e dei a partida, senti uma forte presença, amiga e consoladora no banco do passageiro. Era tão real que parecia que alguém estava sentado ali. Comecei a sentir a mesma presença que percebera no dia 12 de junho de 1983, quando fechei a porta do hotel. Naquela tarde, uma forte presença me conduziu ao Santuário Perpétuo Socorro de Taguatinga. A mesma presença tão confortável e amiga me acompanhava para a Catedral Arquidiocesana de Brasília. Era como se ela dissesse: "Eu estou contigo, eu te acompanhei, eu te levei, eu te segurei, e nesse dia de tua ordenação e consagração eu quero ficar contigo."

Houve um momento em que tive a impressão de que alguém passava a mão em meu rosto e me acariciava. Compreendi claramente que o passageiro que estava de carona comigo era o Homem da Cruz. Não rezei. Como não tinha dúvida de que Cristo estava ali, comecei a conversar. Falei dos 12 anos da caminhada, das pessoas que ele havia colocado em meu caminho, dos sofrimentos, das alegrias; não deixei de dizer que naquele dia eu esperava pelo sol e não pela chuva. Fiz até comentários sobre alguns colegas de ordenação. Falei de minha primeira missa e logo cheguei ao estacionamento da catedral.

Geralmente, de Samambaia até o Plano Piloto leva-se aproximadamente quarenta minutos, que, no meu caso, pareciam quarenta segundos. Fui o primeiro dos ordinandos a chegar à catedral. Já havia algumas pessoas por lá, que me cumprimentaram, alegraram-se e me aplaudiram. Aos poucos a catedral ia sendo tomada pelos convidados. Os padres da arquidiocese foram chegando, o seminário com os seus 120 seminaristas, professores, senhores bispos auxiliares e o senhor cardeal, dom José Freire Falcão, que chegou distribuindo sorrisos e deixando transparecer felicidade por seus sete novos sacerdotes.

Durante a procissão, percebi que a catedral havia sido tomada por uma multidão, uma verdadeira festa de palmas, cantos e louvores a Deus. Percebi que todas as comunidades por onde eu havia passado como seminarista traziam faixas saudando minha ordenação; o que me deixou constrangido, principalmente pelo que estava escrito, coisas que representavam minha caminhada. Logo, o inimigo soprou: "Os bispos e o senhor cardeal vão achar que foi você quem preparou essa manifestação em forma de protesto." Nas faixas, lia-se: "Padre Moacir, ninguém conseguiu amarrá-lo, porque era da vontade de Deus. Os homens não mandam mais que Jesus Cristo e por isso você está aqui." A faixa do Vale do Amanhecer dizia: "Padre Moacir, você venceu todos os inimigos! Parabéns, nós o amamos." Quase não tinha faixa para os outros padres, o que causou ciúmes em alguns e me deixou extremamente preocupado.

Começou a celebração e eu senti Jesus Cristo se aproximar de mim, confortando minha alma e expulsando aqueles pensamentos diabólicos. A ordenação é um motivo de alegria para as comunidades e elas se manifestavam com simplicidade e alegria. Apenas isso.

Após a homilia de dom Falcão, um diácono proferiu:

> "Queiram aproximar-se os que vão ser ordenados presbíteros: Antonio Francisco Gomes Barros (Katê), Carlos Roberto Rodrigues da Cunha, Jose Henrique de Matos Felix, Jose Luis Fontenele Portela, Mario Ferraz de Albuquerque, Moacir Anastácio de Carvalho e Sóstenes Arruda de Macedo."

Nas ordenações a que eu assisti, sempre imaginava como seria este momento. Eu, na frente do senhor bispo, dizendo, como Nossa Senhora: "Eis-me aqui!"; ou então, como o profeta Isaías, "Envia-me!".

Então, aquele "presente", dito com tanta confiança, representava meu desejo de evangelizar. Eu havia esperado 12 anos para dizer "Eis-me aqui", confiando na misericórdia de Deus. E foi com alegria que ouvi o reitor do seminário Nossa Senhora de Fátima, padre Jorge Pacheco, dizer: "Reverendíssimo Pai, a Santa Mãe Igreja pede que ordene para a função de presbíteros esses nossos irmãos!" Dom Falcão interrogou: "Podes dizer-me se são dignos deste ministério?" O padre respondeu: "Tendo interrogado o povo de Deus e ouvido os responsáveis, dou testemunho de que foram considerados dignos!"

E continuou dom Falcão: "Com o auxílio de Deus e de Jesus Cristo, nosso Salvador, escolhemos esses nossos irmãos para a Ordem do Presbiterado." Ao que todos nós respondemos: "Graças a Deus!" Então houve um aplauso ensurdecedor que se estendeu por cinco minutos, gritos e ação de graças. Meu olhar se encontrou com o olhar de minha mãe que, em sua simplicidade, compreendeu que tínhamos sido aceitos para sermos padres. Senti sua alegria. Ela havia rezado por mim durante toda a vida. Aguentou em silêncio a ira de meu pai e as críticas dos vizinhos. "Tiveste 17 filhos, só um homem e esse ainda vai ser padre?"

Minha mãe havia se casado com meu pai aos 16 anos de idade. Meu pai era viúvo; sua primeira mulher havia morrido no parto deixando nove filhos e um recém-nascido. Em sua adolescência, assumiu meu pai com todas as experiências, sofrimentos e traumas, toda a carga de responsabilidade e das necessidades financeiras. Enfrentou enchentes e secas do Nordeste, tinha visto tantas misérias no decorrer da vida... Ela, que nunca havia saído do sertão do Ceará, estava ali, na capital do Brasil, na Catedral de Brasília, conhecida e admirada pelo mundo inteiro, ouvindo aquele clamor do povo. Naquele olhar, era como se ela estivesse me dizendo: "Valeu a pena ter rezado, ter vivido, ter sofrido e ter acreditado. Valeu a pena ter passado pelo vale da morte para te ver nascer e hoje te ver dentro dessa catedral, consagrando-te ao Deus de nossa fé." Pelo brilho de seus olhos eu vi a felicidade em pessoa.

Em seguida, dom Falcão fez a homilia da ordenação:

> "Queridos irmãos e irmãs, estamos para ordenar presbíteros estes nossos filhos que, com satisfação, contais entre vossos amigos ou parentes. Considerai, pois, com atenção, o cargo a que vão ser elevados na Igreja. Ainda que todo o povo de Deus seja em Cristo um sacerdócio régio, nos-

so Sumo e Eterno Sacerdote, Jesus Cristo, escolheu alguns discípulos para exercerem, em Seu nome e publicamente na Igreja, o ofício sacerdotal em favor da humanidade.

O próprio Cristo, como o Pai O enviara, enviou também os apóstolos ao mundo, a fim de continuar por meio deles e seus sucessores, os bispos, sua função de Mestre, Sacerdote e Pastor. E os presbíteros são cooperadores dos bispos, pois, unidos a eles na função sacerdotal, são chamados ao serviço do povo de Deus.

Esses irmãos, após prudente exame, serão constituídos sacerdotes na Ordem dos Presbíteros, para servirem ao Cristo Mestre, Sacerdote e Pastor que, por seu ministério, edifica e faz crescer seu corpo, que é a Igreja, como povo de Deus e Templo do Espírito Santo.

Configurados ao Cristo, sumo e eterno Sacerdote, unidos ao sacerdócio dos bispos, eram consagrados verdadeiros sacerdotes da nova Aliança para pregar o Evangelho, apascentar o povo de Deus e celebrar o culto divino, principalmente no Sacrifício do Senhor.

Quanto a vós, filhos caríssimos, que sereis ordenados presbíteros, deveis cumprir no Cristo Mestre a vossa função de ensinar.

Transmiti a todos a Palavra de Deus, que recebestes com alegria.

Meditando na lei do Senhor, procurai crer no que lerdes, procurai ensinar o que credes, praticar o que ensinardes. Seja, portanto, vossa pregação alimento para o povo de Deus e vossa vida, estímulo para os fiéis, de modo a edificardes a casa de Deus, isto é, a Igreja, pela palavra e pelo exemplo.

Exercei também, em Cristo, a função de santificar.

Por vosso ministério, o sacrifício espiritual do fiel atinge a plenitude, unindo-se ao sacrifício de Cristo que, por vossas mãos, é oferecido sobre o altar, ao celebrardes os sagrados mistérios.

Tomai consciência do que fazeis e ponde em prática o que celebrais, de modo que, ao celebrar o mistério da morte e ressurreição do Senhor, vos esforceis por mortificar vosso corpo fugindo dos vícios, para viver uma vida nova.

Incorporando seres humanos ao povo de Deus pelo Batismo, perdoando os pecados em nome de Jesus Cristo e da Igreja pelo sacramento da Penitência, confortando os doentes com a sagrada Unção, celebrando os ritos sagrados, oferecendo nas diversas horas do dia louvores, súplicas e ação de graças, não só pelo povo de Deus, como por todo o mundo. Lembrai-vos de que fostes escolhidos entre os seres humanos e colocados a serviço deles nas coisas de Deus.

Desempenhai, portanto, com verdadeira caridade e contínua alegria, a missão do Cristo Sacerdote, procurando não o que é vosso, mas o que é do Cristo.

Finalmente, caríssimos filhos, participando da missão do Cristo Pastor e Chefe, procurai, unidos e submissos ao bispo, reunir os fiéis em uma só família, a fim de conduzi-los a Deus Pai por Cristo, no Espírito Santo.

Tende sempre diante dos olhos o exemplo do Bom Pastor, que não veio para ser servido, mas para servir e para buscar e salvar o que estava perdido."

Depois dessa homilia, ficamos de pé diante do bispo, que começou a nos interrogar: "Quereis, pois, desempenhar sempre a missão de sacerdote no grau de presbítero, como fiéis colaboradores da ordem episcopal, apascentando o rebanho do Senhor sob a direção do Espírito Santo?" A resposta teria de ser dada no singular: "Quero!" Eu estava compenetrado em cada pergunta, então fui respondendo "Quero" com consciência de quem havia esperado tanto por esse momento. O senhor cardeal, olhando para nós, continuou interrogando-nos.

"Quereis, com dignidade e sabedoria, desempenhar o ministério da Palavra, proclamando o Evangelho e ensinando a fé católica?" Eu sabia e sei que eu queria anunciar o Evangelho de Jesus Cristo com todo o vigor e entusiasmo, porque é fonte de vida para todos os que creem.

"Quero!"

"Quereis celebrar com devoção e fidelidade os mistérios de Cristo, sobretudo o Sacrifício Eucarístico para o louvor a Deus e a santificação do povo cristão, segundo a tradição da Igreja?"

"Quero!"

"Quereis implorar conosco a misericórdia de Deus, em favor do povo a vós confiado, sendo fielmente assíduos no dever da oração?"

"Quero!"

"Quereis unir-vos cada vez mais ao Cristo, Sumo Sacerdote, que se entregou ao Pai por nós, e serdes com Ele consagrados a Deus para a salvação da humanidade?"

"Quero, com a graça de Deus!"

Em seguida, os ordinandos foram-se aproximando do senhor cardeal, ajoelhando-se a seus pés e pondo as mãos por entre as do senhor bispo que, olhando bem dentro de nossos olhos, pediu-nos este juramento: "Prometes respeito e obediência a mim e a meus sucessores?" Quando chegou a minha vez, coloquei as mãos postas entre as mãos do senhor bispo, tremendo de emoção porque Deus havia se utilizado dele para que eu estivesse ali. No entanto, sua pergunta ia além da sua pessoa. Obedecer-lhe, para mim, seria um prazer; mas sua pergunta não tratava somente dele. Tinha de prometer também respeito e obediência a seus sucessores, que nem eu e nem ele sabíamos, naquele momento, quais seriam. No entanto, eu tinha de dizer, diante de Deus e da comunidade: "Prometo!" É bem melhor para mim e para minha salvação errar com a Igreja do que acertar sem a Igreja. Então eu prometi e prometo! E, ainda olhando para mim, disse: "Prometes respeito e obediência a teu bispo? Prometes respeito e obediência ao bispo diocesano e ao teu legítimo superior?" E a tudo eu respondia: "Prometo."

Dom Falcão, olhando dentro de meus olhos, fez esta oração: "Deus, que te inspirou este bom propósito, te conduza sempre mais à perfeição." Em seguida, levantou-se com seus bispos auxiliares e todos os padres, voltou-se para a assembleia e fez esta oração: "Roguemos, irmãos e irmãs, a Deus Pai Todo-Poderoso, que derrame com largueza sua graça sobre estes seus servos, que Ele escolheu para o cargo de presbítero."

Como na ordenação do diaconato, os eleitos se prostram no chão e os presentes ficam de joelhos, invocando sobre os candidatos a Ladainha dos Santos, pedindo a santos e santas de Deus que intercedam por eles. Eu estava deitado no chão, em sinal de completo abandono a Deus e a seu projeto, ouvindo a comunidade pedir aos santos, a Nossa Senhora, aos anjos, que rogassem por mim. Depois de uma longa invocação, eu já nem sentia mais meu corpo, estava flutuando nas mãos de Deus. Foi quando ouvi que eles cantavam *Cristo, ouvi-nos, Cristo, atendei-nos.*

Então, dom Falcão levantou-se e orou: "Ouvi-nos, Senhor Nosso Deus, e derramai, sobre esses Vossos servos, a bênção do Espírito Santo e a força da graça sacerdotal, a fim de que acompanheis, com a riqueza de Vossos dons, os que apresentamos à Vossa solicitude, para serem consagrados. Por Cristo, Nosso Senhor."

"Amém!"

Nós, os ordinandos, levantamo-nos e nos ajoelhamos. O bispo, em silêncio, seguido pelos bispos auxiliares e com todos os presbíteros presentes, impôs as mãos sobre a cabeça de cada um dos eleitos. Naquele dia, grande parte do clero estava concelebrando. Aquele ato simbólico me fez sentir um grande calor por todo o corpo: era a presença tamgível do Espírito Santo.

Então nós, os eleitos, continuamos ajoelhados, enquanto o senhor cardeal, com as mãos estendidas, disse:

> "Assisti-nos, Senhor, Pai Santo, Deus eterno e Todo-Poderoso, autor da dignidade humana, distribuidor de todas as graças, que dais crescimento e vigor a todas as coisas, e, para formar um povo sacerdotal, estabeleceis, em diversas ordens, os mistérios de Jesus Cristo, Vosso Filho, pela força do Espírito Santo. Já no Antigo Testamento, em sinais prefigurativos, surgiram vários ofícios por Vós instituídos, de modo que, tendo à frente Moisés e Aarão para guiar e santificar o Vosso povo, destes-lhes colaboradores de menor ordem e dignidade.
>
> Assim, no deserto, comunicastes a setenta homens prudentes o Espírito dado a Moisés que, com seu auxilio, pôde mais facilmente governar Vosso povo. Do mesmo modo, derramastes copiosamente sobre os filhos de Aarão a plenitude concedida a seu pai, para que o serviço dos sacerdotes, segundo a lei, fosse suficiente para sacrifício do tabernáculo, que era sombra dos bens futuros. Na plenitude dos tempos, Pai Santo, enviastes ao mundo Vosso Filho, Jesus, Apóstolo e Pontífice de nossa fé. Ele, pelo Espírito Santo, a Vós se ofereceu na cruz, como hóstia pura, e fez Seus apóstolos, santificados na verdade, participantes de Sua missão e lhes destes colaboradores para anunciar e consumar, em todo o mundo, a obra da salvação.

Concedei, também agora, à nossa fraqueza, Senhor, esses cooperadores, de que tanto necessitamos no exercício do sacerdócio apostólico.

Nós Vos pedimos, Pai Todo-Poderoso, constituí estes Vossos servos na dignidade de presbíteros. Renovai em seus corações o espírito de santidade. Obtenham, ó Deus, o segundo grau da ordem sacerdotal, que de Vós procede e sua vida seja exemplo para todos.

Sejam eles cooperadores zelosos de nossa Ordem Episcopal para que as palavras do Evangelho, caindo nos corações humanos por meio de sua pregação, possam dar muitos frutos e chegar até os confins da terra com a graça do Espírito Santo.

Sejam eles, juntamente conosco, fiéis dispensadores de Vossos mistérios, de modo que Vosso povo renasça pela água da regeneração, ganhe novas forças de Vosso altar, os pecadores sejam reconciliados e os enfermos se reanimem. Que eles estejam sempre unidos a nós, Senhor, para implorar a Vossa misericórdia em favor do povo a eles confiado e em favor de todo o mundo.

Assim, todas as nações, reunidas em Cristo Jesus, haverão de converter-se em um só povo, para consumação do Vosso reino.

Por Nosso Senhor Jesus Cristo, Vosso Filho, na unidade do Espírito Santo.

Amém!"

Todos nós nos levantamos e nossos pais e padrinhos se aproximaram trazendo em procissão os paramentos: a estola, que representa o poder sacerdotal; e a casula. Minha mãe trazia meus paramentos e notei a transfiguração em seu rosto. Na sua simplicidade, ela deixava transparecer o tamanho de sua felicidade. Meu diretor espiritual vestiu-me e também notei em seu rosto a imensa alegria por ter-me acompanhado, durante oito anos, nos momentos alegres e tristes. E naquele forte abraço que me deu, percebi que ele estava agradecido, muito agradecido.

Voltamo-nos para o senhor bispo e ficamos de joelhos. Ele cingiu nossas mãos com um lenço branco e nos ungiu com o óleo do Santo Crisma. Quando o óleo penetrava em minhas mãos, eu senti uma forte emoção. Ele ardia como brasa e senti toda a mão pegar fogo. Fiquei tão impressionado com esse acontecimento que quase nem ouvi a oração que foi feita por ele: "Nosso Senhor Jesus, a quem o Pai ungiu com o Espírito Santo, revestiu de poder, te guarde para a santificação do povo fiel e para oferecer a Deus o Santo Sacrifício."

Eu estava arrebatado, sentindo nas mãos o poder sacerdotal. Eu tinha sido ungido para consagrar, abençoar e absolver a culpa dos pecadores; e isso não era pouco. Em seguida, minha mãe desatou minhas mãos e eu lhe dei minha primeira bênção sacerdotal. Ela recebeu com tanta emoção que quase desmaiou. Ficamos novamente de joelhos e recebemos das mãos do bispo o pão na patena, o vinho e a água no cálice para a celebração da missa. Assim ele disse: "Recebe a oferenda do povo santo para apresentá-la a Deus. Toma consciência do que vais fazer e coloca em prática o que vais celebrar, conformando a tua vida ao mistério da cruz do Senhor."

Por fim, fomos acolhidos com um abraço do bispo e de todos os presbíteros presentes, que nos parabenizaram pela ordenação. Começou a liturgia eucarística, que concelebramos com os senhores bispos e com todo o clero.

PERSISTÊNCIA

Eu estava sendo enviado pela Igreja do Senhor para pregar o Evangelho e tornar Jesus Cristo conhecido, porque ninguém ama aquilo que não conhece. No Evangelho de Mateus, capítulo 4, 18-22, Jesus havia chamado Simão e seu irmão André, que lançavam a rede ao mar, pois eram pescadores. Ele havia lhes dito: "Vinde após mim e vos farei pescadores de homens" (V. 19). Eles deixaram suas redes e o seguiram. Diz o Evangelho que a alguns passos dali, Jesus viu dois outros irmãos, Tiago e João, filhos de Zebedeu, que estavam em uma barca com o pai, consertando uma rede. Jesus os chamou e, deixando a barca e o pai, eles logo O seguiram (V. 21).

Eu também havia escutado aquele chamado: "Vem e segue--Me." Igualmente deixei minha segurança, meu emprego, aquilo que eu conhecia, e me lancei em um mundo desconhecido. Havia encontrado todo tipo de impedimento, mas continuei seguindo.

O Senhor havia dito que "[...] aquele que perseverar até o fim será salvo" (Mateus 24,13). Até o último dia de minha vida, eu teria de testemunhar, teria de ser fiel, continuar na mesma direção, sem me desviar nem para a direita, nem para a esquerda. Fugir das tentações e das ciladas de satanás, que tinha tentado Jesus Cristo no início de sua missão, mostrando-Lhe todo o poder do mundo, com toda a sua glória e luxúria: "Dar-te-ei tudo isso se, prostrando-te diante de mim, Me adorares" (Mateus 4,9).

Assim como Jesus, eu respondo: "Adorarás o Senhor teu Deus e só a ele servirás" (V. 10).

[CAPÍTULO 15]

AÇÃO DE GRAÇAS

No final daquela missa, eu estava diferente. As pessoas me parabenizavam, choravam, abraçavam-me, beijavam minhas mãos e pediam bênção; mas eu estava tão compenetrado em mim mesmo que parecia não estar ali. Uma hora depois de tudo terminado, eu pude deixar a catedral e me dirigir até o Seminário Nossa Senhora de Fátima, para o almoço de recepção que estava sendo oferecido.

Foi uma grande festa. A fila do abraço era grande. Havia pessoas que até se ajoelhavam para receber uma bênção. Todos queriam nos tocar, abraçar, beijar. Eu me senti um pouco constrangido. Horas depois, aproximei-me de minha irmã e lhe disse: "Vamos!" Ela me estendeu a mão e me entregou a chave da casa: "Vou apresentar Brasília para mamãe e nosso irmão, mas logo estarei em casa!"

Ajudaram-me a colocar os presentes, que não eram poucos, no carro. Despedi-me de todos e saí. Já no carro, senti que alguém se sentou no banco do passageiro, e aquela forte presença encheu o carro. Eu olhava e não via, mas ali estava alguém que me amava, que me acolhia e se alegrava comigo. Eu não tive dúvida, Ele estava ali, vivo e real. Comecei a chorar e, do Lago Sul até Samambaia, assim permaneci.

Cheguei à casa de minha irmã, abri a porta, sentei-me no sofá. Olhei no relógio; eram quase 15h. A casa estava vazia. Somente aquela presença que entrou na casa comigo e eu. Percebi que se sentou a meu lado no sofá. Permaneci sentado, sabendo que alguém, sem falar, me observava e me amava.

O telefone que estava à minha frente silenciou-se e o mundo me esqueceu. Fiquei ali sem me mover, até que um carro buzinou. Era minha irmã. Já era noite, e então percebi que fiquei envolvido com aquela presença por cinco horas, sem ser incomodado por ninguém. Ninguém me procurou, ninguém me telefonou, o que era raro. No dia da ordenação, o recém-ordenado não consegue ficar um segundo sozinho, já que são tantos os que desejam cumprimentá-lo! A família inteira quer estar a seu lado. Mas naquelas primeiras horas de minha ordenação, fiquei somente com Jesus Cristo e isso marcou muito o início de minha caminhada sacerdotal.

Depois dos comentários e da partilha do que havia acontecido durante o dia e daquele jantar feito às pressas, eu me recolhi e fui pensar no dia seguinte, coisa que se tornou uma prática constante em minha vida.

Era hora de pensar em minha primeira missa. Como seria, quem estaria lá, o que eu iria pregar? Geralmente, o recém-ordenado celebra a primeira missa na comunidade de origem ou em outra em que ele havia trabalhado. Eu havia escolhido a comunidade católica do Vale do Amanhecer. Era exatamente lá que eu queria celebrar porque, como padre e com a autoridade sacerdotal, eu queria dizer a satanás que "Jesus Cristo é o Senhor e o Salvador" daquele lugar.

E iria cantar, naquela primeira missa, a música que diz:[4]

Senhor eu sei que é teu esse lugar
Todos querem te adorar
Toma a tua direção!
Senhor vem, ó Santo Espírito,
os espaços preencher
Reverência a tua voz, vamos fazer
Podes reinar, Senhor Jesus, ó sim,
O teu poder teu povo sentirá
Que bom, Senhor,
Saber que estás presente aqui
Reina, Senhor, neste lugar

Era meu desejo absoluto que Jesus Cristo reinasse em todos os lugares. Quando me deitei naquela noite, senti que eu não era o mesmo, era outra pessoa. O que eu ia fazer seria muito diferente. Eu não pertencia mais a mim mesmo, não poderia pertencer a mais ninguém, a não ser a Jesus Cristo. Então fiz uma oração:

"Senhor Jesus, estiveste a meu lado durante toda a minha caminhada. Até aqui me ajudastes. Eu venci todas as barreiras, quebrei todas as correntes, pulei todos os obstáculos porque fui protegido e acompanhado por Tua presença vitoriosa. Compreendo, Senhor, que eu estava dentro de um rio que fez curvas e mais curvas, pulou cachoeiras e mais cachoeiras, mas, por Tua graça, eu me mantive são e salvo. Agora, Senhor, cheguei ao mar. O rio me trouxe aqui, despejou-me nesse

---

4- Cantor: Padre Zeca. *Podes reinar.*

grande mar em que agora eu me encontro. Eu sei que haverá perturbação, vendaval e furacão. As ondas, muitas vezes, vão subir e o vento vai soprar e minha barca vai balançar para todos os lados; mas quando eu Te chamar, Senhor, por favor, levanta-Te em meu socorro e, assim como fizeste, manda de novo, Senhor, o vento calar, o mar acalmar e eles Te obedecerão. Entro nessa nova missão, que agora começa. Não sei o que vai me acontecer, quais são as dores e sofrimentos que vou ter de enfrentar, mas eu me lanço nela, em nome do Pai, do Filho e do Espírito Santo".

E, nos braços de Deus, adormeci tranquilamente.

[*Epílogo*]

O EXERCÍCIO DA VOCAÇÃO

No dia 30 de novembro de 2014, completei 18 anos de minha ordenação sacerdotal. Nessa caminhada, nem tudo aconteceu como na prece que fiz naquela noite. Eu não imaginava que o vento ia soprar com tanta firmeza e sempre ao contrário. E que as ondas iam subir e, muitas vezes, em um oceano em conflito, eu tive de gritar por socorro. Assim como o silêncio diante da crucificação e morte de Jesus Cristo, eu também nem sempre tive resposta. A sensação era de abandono, muitas vezes sendo ameaçado pelos homens e pelos demônios, eu também gritei: "Por que me abandonastes?"

No meio dos furacões, eu sempre escutava aquela velha voz do desânimo: "Não podes, não vais chegar e nem conseguirás". Mas, a esperança de chegar e a velha experiência de todas as lutas vencidas me faziam recordar que quem está em Deus não se cansa, sempre se reconstrói e, mesmo morto, ressuscita. Na maior escuridão de minha alma, eu sempre ouvia a voz que gritou para Lázaro: "Vem para fora!" (João 11,43) E quando sentia que estava sendo carregado pelos homens no caminho do cemitério, eu ouvia aquela mesma voz que o filho único da viúva de Naim escutou: "Moço, eu te ordeno, levanta!" (Lucas 7,14).

Nestes 18 anos de sacerdócio, exercendo o Ministério de Cura e de Libertação na Paróquia de São Pedro, em Taguatinga, no Distrito Federal, eu vi com meus próprios olhos milagres e prodígios, pessoas sendo curadas de enfermidades que para a medicina não havia mais nenhuma esperança de cura. Pessoas sendo libertas de tantas dependências químicas, vícios diabólicos, doenças hereditárias e tantos outros males. Também vi e ouvi satanás dar grandes berros, jogar suas vítimas ao chão, deixá-las como mortas e retirar-se, ao nome poderoso de Jesus Cristo. Todas as quartas e quintas-feiras, celebrei Missa de Cura e de Libertação para milhares e milhares de pessoas vindas de todos os cantos e recantos do Brasil. Fui acompanhado por milhões e milhões de pessoas, por uma rede de seiscentas emissoras de rádio, no Brasil e em vários países do mundo.

A primeira missa que celebrei, no Vale do Amanhecer, foi uma missa campal, em razão do grande número de pessoas que vieram de todos os lugares de Brasília. Ali eu senti que meu ministério seria diferente, até pelas tentações e provocações da antiga serpente. Eu havia chegado ao Vale do Amanhecer como seminarista, sem saber se um dia eu seria ordenado. Logo compreendi que aquela cidade, com 17 mil habitantes, não conhecia Jesus Cristo, não acreditava na ressurreição e todos eram adeptos da reencarnação. Eu havia recebido uma missão: evangelizar aquela cidade.

Então, durante dois anos, com lágrimas e gemidos, tive de bater de porta em porta e oferecer a salvação que vem de Jesus Cristo. E logo curas e milagres brotaram em nossa frente. Uma criança começou a suar sangue, pessoas gritavam no meio do povo, dizendo que estavam sendo curadas de dores, nódulos... Pessoas que não podiam movimentar os braços, de repente começaram a movimentar-se; e outras começaram a gritar que estavam enxergando perfeitamente. No final daquela celebração, houve uma explosão de alegria. As pessoas, automaticamente, começaram a chorar, a pular, a dançar... Os padres, que concelebravam comigo, olhavam-me sem saber como proceder. Eu também não sabia, mas compreendia que era a manifestação do poder de Deus naquele lugar de escravidão espiritual.

Geralmente, os habitantes desta cidade incorporavam-se com muita facilidade. O fato é que naquele domingo de dezembro de 1996, eu comecei meu ministério de cura e de libertação e vi o poder de Jesus Cristo Eucarístico. Houve uma grande manifestação do poder de Deus.

No dia seguinte, celebrei a missa no Santuário Perpétuo Socorro, em Taguatinga Centro, naquele mesmo local em que eu havia conhecido o Homem da Cruz, em junho de 1983. Treze anos depois, eu voltava ali. A emoção era forte demais. Naquele ano de 1983, cheguei ali sem nenhuma esperança, eu não tinha futuro nenhum e era totalmente escravizado pelo mundo e pelo mal. Agora estava ali, paramentado, sendo aplaudido por mais de duas mil pessoas.

Era meu primeiro encontro com a Renovação Carismática Católica, que havia me adotado como filho e me dado uma espiritualidade totalmente renovada. Em três horas de celebração, eles cantaram, pularam, aplaudiram, choraram e louvaram a Deus. A celebração tornou-se uma grande festa de agradecimento.

Já na sacristia, tirando as vestes sacerdotais, um casal de adolescentes entrou chorando. Eles tinham de 14 a 15 anos, e diziam: "Padre, nosso pai está na UTI de um hospital em São Paulo. Os médicos disseram que ele não se recupera mais e nos pediu para ficar esperando a última hora dele." Aquele senhor que estava na UTI, segundo o que me disseram naquela noite, era médico e tinha um bom trabalho social. Em torno de mim, as pessoas começaram a dizer que ele merecia o milagre. Nervoso, eu lhes disse que eu não sabia fazer milagres e nem podia curar ninguém e pedi que procurassem os padres do santuário para que celebrassem missas naquela intenção. Mas os adolescentes me agarraram e começaram a chamar-me de pai. Comovido e sem saber o que fazer, abracei-os e disse: "Vosso pai voltará para casa, em nome de Jesus Cristo." E juntos fizemos uma grande oração. Eu dizia a Jesus Cristo: "O Senhor é o inventor dos milagres, já fizestes tantos, podes fazer mais um para estas crianças. Faze, porque precisamos desse milagre! Elas, porque estão perdendo o pai, insubstituível em suas vidas. Eu, porque estou começando meu ministério sacerdotal e muitas vezes vão pedir-me milagres, prodígios, pão e água e até vida que eu terei de lhes dar. Então, realiza teus prodígios em nosso meio!" O fato é que, dois dias depois, ele saiu da UTI; e uma semana depois, estava em casa.

Há 15 anos, em uma missa celebrada pela manhã, no Domingo da Ascensão do Senhor, eu pregava o Evangelho em que Jesus ordenava para que seus apóstolos "[...] não se afastassem de Jerusalém, mas que esperassem o cumprimento da promessa [...]", e concluindo, "[...] descerá sobre vós o Espírito Santo e vos dará força; e sereis minhas testemunhas em Jerusalém, em toda a Judeia e Samaria e até os confins do mundo" (Atos dos Apóstolos 1,4,7).

Eu pregava essa mensagem e explicava que a preocupação de Jesus Cristo era de que os discípulos não saíssem de Jerusalém antes do cumprimento da promessa. O Espírito deveria descer sobre eles e então a missão deles começaria no fogo e no poder vindos do céu. No final daquela celebração, dei a forma da bênção dizendo: "Ide em paz e o Senhor vos acompanhe!" Escutei uma voz forte e decidida que me dizia: "Não foi isso que você pregou e nem foi isso que eu ensinei." O povo já tinha saído da igreja. Perturbado e confuso, eu também me arrastei para longe do altar, indo rumo à sacristia.

Naquela mesma manhã, por volta das 10h30, eu tinha uma segunda missa, e nessa celebração as leituras de domingo para todas as missas eram as mesmas. Repeti a mesma explicação da pregação anterior. E, por volta do meio-dia, eu dava a bênção final, e novamente dizia: "Ide em paz e o Senhor vos acompanhe!" Escutei a mesma voz, mais forte e decidida: "Não foi isso que você pregou e nem foi isso que ensinei."

Voltando para casa, eu mal conseguia dirigir. E, naquela tarde de domingo, compreendi que o Senhor queria muito mais que aquilo. À noite, na missa das 19h, convidei toda a comunidade a fazer uma experiência de orações durante oito dias, pedindo nossa libertação de todo o mal e a cura de nossos corações. Expliquei o que havia acontecido e disse para aquela assembleia que a partir daquele dia estaríamos em oração, esperando um novo Pentecostes para nossa vida e para a vida da Igreja. Eu também disse que nossa vida e a vida da Paróquia São Pedro estaria eternamente marcada pelo Novo Pentecostes. Disse ainda que começaria ali uma nova primavera para todos nós, que esperávamos na misericórdia de Deus.

O fato é que eu nem imaginava o que ia acontecer. Somente sabia que o Senhor queria que eu reunisse aquela comunidade e ficasse esperando um Novo Pentecostes. Mas também veio à minha mente o questionamento: "Vou tirar estas pessoas de suas casas para ficar aqui comigo dia e noite, noite e dia, e que recompensa vamos ter?" Certamente muitos não iriam compreender, tampouco acreditar que ouvira uma voz me mandando fazer isso. Muito menos meus colegas padres, que não aceitavam que eu celebrasse missas de cura e de libertação, até por não conhecerem a espiritualidade carismática. Essas missas atraíam milhares de pessoas para a menor paróquia territorial da Arquidiocese de Brasília e eram celebradas por um padre vindo da seca do Nordeste.

Dito e feito. Na reunião do setor, crucificaram-me de todos os lados, julgaram-me e condenaram-me, até porque a notícia se espalhou. No entanto, depois daquela missa, muitos vieram a meu encontro e disseram: "Vamos ficar aqui em oração." Então decidi que as portas da igreja não se fechariam até que o Espírito Santo viesse mudar nossa vida.

Aquela semana passou rápido. A igreja estava sempre cheia de um povo sedento por Deus, procurando a misericórdia e recebendo as graças prometidas pelo Senhor. A alegria tomou conta da paróquia. Os cantos, os risos, os aplausos e as manifestações de cura e libertação... Gente de todos os lugares e de todas as classes sociais vinha para rezar de dia e de noite.

Naquela semana, todos nós, e até pessoas que nem conheciam a Deus, desejávamos beber da água viva. O evento ficou conhecido como I Semana de Pentecostes. Houve uma peregrinação, todos os dias e todas as horas, de pessoas vindas de longe e de perto para as celebrações e as orações constantes. Foram oito dias de muita graça, de cura e libertação e uma forte evangelização. E, quando chegaram os primeiros raios do sol, nosso coração vibrava de alegria pelo dia de Pentecostes. Ficamos até cinco da tarde inundados pela graça e pelo amor infinito do Pai. Não havia telões ou equipamentos de som, em razão da falta de verba para adquiri-los, contudo nenhum de nós acreditava que aquela revelação iria atrair tanta gente para a comunidade. As centenas se tornaram milhares, e os milhares multiplicavam-se.

Em fevereiro de 2007, fui convidado pelo coordenador da Renovação Carismática para participar do Rebanhão, um evento de três dias de louvor e muita oração durante o Carnaval. Geralmente, milhares de pessoas participam desse encontro, realizado em um estádio de futebol. O coordenador orientou-me a dar apenas meu testemunho. Na verdade, o hoje padre Wilkie Bandeira Claret não sabia o que estava me pedindo. Aceitei e, na hora marcada, estava no estádio.

Era a primeira vez que eu colocava meus pés em um campo de futebol. Pensei em quantas vezes jogadores e juízes foram aplaudidos, consagrados ou xingados! Contemplei aquelas vinte mil pessoas, que silenciaram e olharam-me, muitas nem ao menos me conheciam. Mas, no íntimo, acreditei que naquele dia elas iam conhecer o Deus que escolhe os fracos para confundir os fortes, que tira o pobrezinho do monturo para sentar à mesa com os nobres.

Comecei a falar de minha origem e de como deixara o sertão nordestino, fugindo da fome e da miséria, da ignorância e da falta de oportunidade. Falei do que aconteceu comigo durante seis anos, os lugares em que andei e das noites escuras que vivi, dos vícios e da escravidão do pecado. Contei minha trajetória desde o dia 12 de junho de 1983, quando fui resgatado pelo Homem da Cruz.

A certa altura desse depoimento, o povo chorava e aplaudia... E, no final, entrou em delírio coletivo. Em uma hora e meia, resumi o que eu tinha vivido em 13 anos. Eu também chorava, pois era a primeira vez que eu falava sobre tudo o que eu havia vivido. A emoção tomou conta de tudo e Deus se manifestou poderosamente com Sua misericórdia. Quando terminei, parecia que eu tinha tirado um enorme peso das costas. Na verdade, o que fiz foi testemunhar o poder de Deus e provocar a ira do inimigo.

Alguns dias depois, fui chamado à Cúria Metropolitana de Brasília. Sentado atrás de uma mesa, dom Jésus da Rocha disse-me: "O que você fez no Rebanhão? E quem mandou você falar daquele modo?" Ele estava severamente chateado. Os padres fizeram uma procissão para reclamar daquele testemunho. "Rapazes alcoólatras, viciados e analfabetos fizeram, também, uma procissão rumo ao Seminário Nossa Senhora de Fátima, querendo ser padres", ele continuou. "Uma diretora de um instituto religioso também ligou para reclamar, porque o telefone dela não parava de tocar, nem a campainha cessava naqueles dias." Eram as moças que queriam se consagrar a Jesus Cristo. O fato é que ele me fez prometer que nunca mais eu daria meu testemunho. Também me fez prometer que eu iria celebrar missas em no máximo uma hora e que também não sairia rezando pela cura de ninguém. Saí daquela sala prometendo para dom Jésus que nunca mais falaria de meu passado ou pediria qualquer graça para Jesus Cristo, mesmo que essa graça ou essa cura fosse para minha mãe.

Fui transferido daquela cidade onde a poeira reinava sem cessar e, quando chovia, a lama nos atolava. Mas aquele povo, carente de tudo, levava-nos a crer sempre mais e a esperar contra toda a desesperança. Quando coloquei minhas malas no velho carro emprestado, era como se um pedaço de meu coração ficasse ali, atolado naquela lama; quem sabe, brotando uma nova evangelização. Chegando à cidade de Planaltina, fui recebido por meu velho conhecido padre Roberto Carlos Rambo, que sempre representou uma graça em minha vida. Mas, naquele dia, mal-humorado, ele disse: "Voltaste? O Vale te espera!" O Vale representava muito. Muito sofrimento, muita dificuldade e uma guerra espiritual, à qual eu teria de enfrentar todos os dias, até que fosse novamente transferido para outro local.

Comecei meu ministério amarrado pela força da obediência. Três meses depois, orando diante do Santíssimo, ouvi uma voz: "Arruma tuas malas, a missão acabou!" Espantado, tremendo, lembrei-me de quando eu era franciscano. Em apenas dez meses como padre, eu já havia passado por duas comunidades. Para minha reputação, que não tinha sido nada boa, isso só piorava as coisas, não iria ganhar credibilidade e nunca seria pároco, mesmo que eu não desejasse isso.

Fui para a frente do telefone e, sentado, esperei. Em menos de dez minutos, ele tocou. Do outro lado da linha, uma voz já bastante conhecida, a qual sempre me fazia tremer quando eu a ouvia: "Pode vir aqui agora?" Na verdade meu velho amigo bispo dom Jésus da Rocha que, com o tempo, aprendi a amar e a respeitar, sempre me corrigia da maneira mais severa possível. Eu aceitava porque acreditava que ele era a voz de Deus em minha vida. Em menos de uma hora, estava na frente dele que, olhando-me de cima para baixo, ordenava: "Sente-se aqui! Estamos no final do mês de outubro e você foi transferido para ser administrador paroquial da Paróquia de São Pedro, em Taguatinga Sul. Lá, você não vai ter secretária e nem outro funcionário, não vai inventar nem construir nada, vai cumprir somente o horário que já existe. Em dezembro, ordenaremos outros padres e um deles vai ser o pároco de lá. Amanhã lhe entregaremos a chave. Estou de olho! E boa sorte!" Como já era um pouco tarde para a hora do almoço, ele estendeu a mão e disse: "Vai em paz!" E voltei para Planaltina para acabar de arrumar a mala e despedir-me do velho amigo padre Rambo.

No outro dia, às dez horas, eu chegava na menor paróquia territorial de Brasília. A igreja estava fechada, mas os três senhores que eram responsáveis por entregar-me as chaves da paróquia abriram a igreja, procurando os bens, mas encontraram somente os bancos. Não tendo nada para inventariar, desejaram-me boa sorte. Fiquei ali esperando o mês de dezembro chegar para que viesse um padre mais dinâmico, mais inteligente e, quem sabe, mais bonito.

Dezessete anos depois, estou na mesma paróquia onde vi milhares de pessoas serem abençoadas pela alegria da conversão, da renovação e da salvação. Vi milhares de pessoas serem catequizadas, evangelizadas... Vi uma multidão imensa vinda de todos os lugares, das falsas filosofias, das falsas teologias, das encruzilhadas, dos terreiros, dos tambores e até de outros continentes, procurando por Jesus Cristo Vivo, Real e Ressuscitado. Vi os milagres acontecerem em minha frente. Mas vi, também, a ira do inimigo, meu adversário de todas as horas. Gritei, chorei e clamei pela misericórdia. Muitas vezes fui envolvido por nuvens mais escuras; vi as ondas crescerem em minha frente e meu barco ser jogado para todos os lados. Mas uma coisa é certa, por mais que o vento tenha soprado, as ondas tenham tentado engolir-me, meu pequeno barco não afundou.

Hoje, pregando para milhões de pessoas via rádio, televisão, internet, livros, jornais e revistas; sendo fundador da Comunidade Renascidos em Pentecostes, que tem como missão viver a espiritualidade de Pentecostes; amando a caridade e ainda construindo um grande Centro de Evangelização, agradeço a Deus pelo dia em que o bispo me chamou e disse: "O cardeal José Freire Falcão nomeia-te pároco da Paróquia de São Pedro. Sendo assim, você, agora, será pároco. E também lhe permite celebrar suas missas de cura e libertação e pregar Jesus Cristo com todo o empenho. Não tenha medo, serei seu vizinho e vamos caminhar juntos. Deus o abençoe!"

Depois dessa Bênção, meu ministério se desenvolveu. Hoje, dedico este livro a meu amigo cardeal José Freire Falcão, Arcebispo Emérito de Brasília. E também ao hoje falecido amigo dom Jésus Rocha. E a você, que continua crendo no poder e na força que vem da cruz!

[Agradecimentos]

Este livro é fruto das preces de tantas e tantas pessoas que, em um gesto de completa confiança, colocaram os joelhos no chão, a mente no céu e intercederam por mim diante de Deus. Em minhas preces, tenho agradecido ao Senhor por essas pessoas. Desejo publicamente dizer "muito obrigado" à Ideia, Maria Alina e d. Helena, por suas orações; a toda a Renovação Carismática Católica (RCC), que me anima e sustenta com sua espiritualidade.

Aos que tanto me ajudaram no início desta caminhada: frei Marco Aurélio (OFM) e frei Vilmar. Às pessoas que me encorajaram e me ajudaram na digitação deste texto: Crícia Martins, Gláucia Martins, Roselene Santos, "Dos Anjos" — a quem muitas vezes surpreendi enxugando as lágrimas diante do computador. À Marly, nossa jornalista, que está sempre à disposição. À Mauriceia Nascimento que, com tanto entusiasmo, corrigiu o primeiro manuscrito. Ao professor Roberval M. do Amaral que, com seu grande amor por Jesus Cristo, empolga-nos com seu testemunho.

Obrigado a todos vocês que, no decorrer de todos esses anos de formação sacerdotal, estiveram comigo, acreditaram que a graça de Deus em mim não seria em vão e cuja companhia foi minha força.

Compartilho com você, leitor, nestas poucas linhas, um pouco de minha história e espero que este livro, para honra e glória de Jesus Cristo, faça você compreender que não está sozinho e que deve se alegrar em sua fraqueza, em sua humilhação. O apóstolo escolhido pelo Senhor, entrando na cidade de Damasco, disse que Deus escolheu os fracos para confundir os fortes (1Coríntios 1,27).

Publisher
KAÍKE NANNE

Editora executiva
CAROLINA CHAGAS

Coordenação de produção
THALITA ARAGÃO RAMALHO

Produção editorial
ZAIRA MAHMUD

Preparação de originais
FERNANDA SILVEIRA

Revisão
ENI VALENTIM TORRES, LUIZ WERNECK

Diagramação
MARÍLIA BRUNO

Capa
MAQUINARIA STUDIO

Fotos
SÉRGIO DUTTI

Este livro foi impresso no Rio de Janeiro, em 2015,
pela Edigráfica para a Petra.
O papel do miolo é avena 80g/m^2,
e o da capa é cartão 250g/m^2.